Weisenfeld · Charles de Gaulle

Ernst Weisenfeld

Charles de Gaulle

Der Magier im Elysee

Verlag C. H. Beck München

CIP-Titelaufnahme der Deutschen Bibliothek

Weisenfeld, Ernst:
Charles de Gaulle : Der Magier im Elysee / Ernst Weisenfeld. –
München : Beck, 1990
ISBN 3 406 34678 2

ISBN 3 406 34678 2

Satz und Druck: C. H. Beck'sche Buchdruckerei, Nördlingen
Printed in Germany

Inhaltsverzeichnis

Vorwort

Dies Buch will berichten, wer Charles de Gaulle war und warum er die Menschen seiner Zeit in ungewöhnlicher Weise beschäftigte, viele faszinierte, nicht wenige empörte. Es will aber auch der Frage nachgehen, worauf seine Wirkung beruhte. Sein Charisma allein reicht nicht aus, die weltweiten Reaktionen auf seine Worte und Pläne zu erklären. Es gehörte auch eine Technik dazu, ein «savoir-faire» oder «Know-how», und eine Fülle von Begabungen, die er mehr oder weniger bewußt einsetzte. Auch die Legende, die er seit 1944 verkörperte und mehr noch seit 1958, nachdem er ein zweites Mal zum «Retter des Vaterlandes» geworden war, gehörte zu den Mitteln, mit denen er seine Worte und Gesten, die immer wohlberechneten und geschliffenen Ausdrucksformen seiner Politik, zur größten Wirkung brachte. Vieles war in seinem Charakter begründet. Wenn man sagt «le style c'est l'homme», dann trifft das auf wenige Menschen so zu, wie gerade auf ihn.

Dazu war sein Lebensweg so eng mit dem Schicksal der Zeit verbunden, daß man unschwer auf ihn verfällt, wenn man die Geschichte des Jahrhunderts an einer leuchtenden Spur verfolgen will. Kometenhaft ist sein Aufstieg aus dem Dunkel der tiefen Niederlage, in die Frankreich 1940 stürzte, bis zu dem Siegestaumel, der sich vier Jahre später im befreiten Paris um den Mann abspielte, der für alle «le général de Gaulle» geworden war. Schon durch seinen Namen – man denke: Karl von Gallien – schien er prädestiniert für die Rolle des Mannes, der sich als eine Verkörperung französischer Geschichte empfand und tatsächlich als «Befreier» in sie einging. Beschäftigt man sich mit seinen frühen Jahren, so findet man, daß er lange vor den Ereignissen, die ihn berühmt machen sollten,

Frankreich vor Schwächen und Gefahren gewarnt und ihm die Wege gezeigt hatte, ihnen zu entgehen, wie die Tugenden, um sie zu überwinden.

Kein Wunder, daß Legenden und Anekdoten längst begonnen haben, sein Leben und Wirken in einen unzerreißbaren Schleier zu hüllen, so daß auch seine Freunde und alle, die seine Politik mit Staunen und Respekt verfolgten, das Bedürfnis spüren, unter dem Schleier die Wahrheit zu suchen und der Geschichte ein möglichst treues Bild zu hinterlassen. Denn wer aus dem Ringen der Menschen mit der Macht des Schicksals Lehren für sich und seine Zeit ziehen soll – so begrenzt sie auch sein mögen –, der will die Handelnden menschlich sehen, das Erhabene erkennen und das Unzulängliche, die großen Ziele und die kleinen Hilfsmittel.

Um ein Bild de Gaulles zu entwerfen, das die visionären Züge seiner Politik ebenso erkennen läßt wie die Methoden seines Vorgehens und die Quellen seiner unverwechselbaren Wirkung, hat sich der Autor ein Thema vorgenommen, das im Verlauf der Darstellung plötzlich ein aktuelles Thema wurde: eine Zukunft Europas ohne Militärblöcke, ohne Ost-West-Spannungen, ohne die politische Vergewaltigung ganzer Völker oder Volksteile. Es war das zentrale Thema gaullistischer Außenpolitik, die Suche nach einem «vom Atlantik bis zum Ural» befriedeten Europa. Das Schicksal des deutschen Volkes nahm in diesen Überlegungen einen breiten Raum ein.

Es ging aber bei dieser Darstellung, wie schon betont, nicht nur um die Vision einer gesamteuropäischen Politik. Sie lieferte den Anschauungs-Unterricht für die diplomatischen Methoden de Gaulles, die so einmalig waren wie seine Geschichte, Ausdruck seiner Begabung und Erfahrung gewiß, aber auch Spiegelbild seines Charakters, der Quelle der Widersprüche wie der Faszination des ungewöhnlichen Mannes.

1. Einleitung

Keiner anderen Gestalt seiner Geschichte hat Frankreich soviel Denkmäler, Straßen und Plätze gewidmet wie dem General Charles de Gaulle. Sollte ihre Zahl allein ein Maßstab sein, dann ist die Anerkennung und Verehrung, die er vor allen anderen genießt, unermeßlich. In Wirklichkeit ist die Wiederholung des frühzeitig legendären Namens von Ort zu Ort aber auch ein Stück Konformismus. Indem Frankreich immer wieder zu diesem Namen griff, um sich ein Symbol für seinen Weg durch dieses Jahrhundert zu geben, verdeckte es auch die Schwächen mehrerer Generationen, deren Angehörige nicht nur – und nicht in großer Zahl – von 1940 bis 1944 an Widerstand und Befreiung mitgewirkt hatten, sondern auch Jahre der Dekadenz, eine tiefe militärische und moralische Niederlage und den Sündenfall der Kollaboration mit einer verächtlichen Besatzungsmacht zu verantworten haben.

Aus solchen Niederungen der Geschichte hebt sich in der Tat die Gestalt von Charles de Gaulle, dem «Befreier» und «Retter des Vaterlandes», so leuchtend ab wie sonst nur die legendäre Figur des lothringischen Bauernmädchens, der Jeanne d'Arc, mit der man ihn gelegentlich und schon früh, eine Prise Ironie beimischend, denn auch verglichen hat. Indem er das Lothringer (Doppelbalken-)Kreuz zum Symbol seines Widerstandes machte, legte er selbst den Vergleich nahe. Tatsächlich ist es sein größtes Verdienst, wie wohl auch das des Mädchens, Frankreich den Glauben an sich selbst wiedergegeben zu haben. Gerade davon berichten die vielen Zeichen treuen Gedenkens, die allemal mit weiter populärer Zustimmung errichtet wurden. Frankreich sieht in ihm eine Verkörperung der Tugenden, die es sich für alle Zeiten und Gegebenheiten wünscht, für die es jedoch – wie der verehrte General sehr wohl wußte – nur vorübergehend und von Zeit zu Zeit Anstrengungen und Opfer auf sich zu nehmen bereit ist: die Unbeugsamkeit in der Verfolgung großer Ziele aller Art, eine visionäre Kraft, die auch die Menschen anderer Völker mitreißen kann, viel Selbstsicherheit im Umgang mit den Mächtigen der Welt – und viel List.

Er selbst verstand sein Leben, nachdem es einmal die legendäre Gestalt des Befreier-Generals de Gaulle angenommen hatte, von dem er selbst gern in der dritten Person sprach, vor allem als eine beispielhafte Verkörperung dessen, was er seinem Volk für die Zukunft mitgeben wollte. Man darf ihn darum auch nur als einen französischen Staatsmann verstehen. In der Vorstellung vieler Menschen aus anderen europäischen Ländern hätte er gut und gern der erste Präsident eines Vereinten Europa werden können. Es war nie sein Ziel – außer in der Form, daß er ohne diesen Titel als der erste Mann Frankreichs unbestritten die Führung und Vertretung einer europäischen Gemeinschaft gegenüber anderen Völkern und Mächten dieser Welt ausgeübt hätte. Die Kraft für eine solche Rolle traute er sich und seinem Land schon zu. Heute könnte man sagen, der Gedanke an ihn verstelle den Franzosen manchmal den Blick für Realitäten und verleite sie zu Illusionen.

Das alles zeigt, daß ein Zauber von ihm und seiner Legende ausgeht, dessen er sich bewußt war und den er auch zu benutzen wußte. Der frühere amerikanische Präsident Richard Nixon, mit dem ihn gegenseitiger Respekt verband, nannte ihn «an illusionist», womit er keineswegs sagen wollte, daß sich de Gaulle leicht Illusionen machte, vielmehr meinte er seine Fähigkeit, andern etwas vorzuzaubern und sie damit zu Illusionen zu verleiten. In diesem Sinne könnte man ihn wohl einen Zauberer oder einen Magier nennen – wenn man aufpaßt, diesen Begriff vom Odium des bedenkenlosen Verführers freizuhalten. Was ihn von anderen charismatischen Figuren seiner Zeit deutlich unterscheidet, ist gerade ein immer waches Gefühl demokratischer Verantwortung. Und das Bewußtsein, daß die Staatsräson, die einen hohen Stellenwert bei ihm hatte, die Herrschaft des Rechts nicht in Frage stellen darf.

In diesen Grenzen lehnte seine Regierung kein Mittel ab, das seinen Zielen dienen konnte. Insbesondere verschmähte er keines der Mittel, die die Medientechnik bereithält, damit ein einzelner für seine Ziele und für die Wege, die dazu führen, eine breite Zustimmung finden kann. Im übrigen erwies er sich beim Umgang mit diesen Mitteln eher als ein «Künstler», denn als ein «Macher». Man hat schließlich seine Regierungsform eine «Fernseh-Demokratie» genannt, weil es ihm fast immer gelang, besonders vor den Volksabstimmungen, die Menschen über den Bildschirm in seinen Bann zu schlagen. Seine Einfälle und Methoden verrieten Intuition, Phantasie und ein hohes Niveau, dies insbesondere soweit es sich um den Umgang mit dem Wort handelte, der immer den Rang des klassischen historischen Schriftstellers verriet, der er nebenbei auch war.

Ähnlich benutzte er das Wort, die Medien, die Verführungskunst – schließlich die meist verbal daherkommende List – bei seinen diplomatischen Verhandlungen. In der Zeit, in der sich seine Legende bildete, also während der Kriegsjahre, konnte er an Macht und Einfluß so gut wie nichts einsetzen. Er handelte im Exil, benutzte geliehene Macht und die mögliche Kreditwürdigkeit zukünftiger Positionen. Oft mußte er gerade aus der Ohnmacht Kapital schlagen, was nie ohne Würde und Stolz geschah und was die Partner oft irritierte. Er war ein «Nein»-Sager und ein Mann einsamer, darum oft überraschender Entschlüsse. Faßt man alles zusammen, so ergibt sich das Bild des vielleicht originellsten und eigenwilligsten Politikers unserer Zeit.

Aber da es bei unserer Darstellung um Außenpolitik geht und auch noch um solche, die uns Deutsche in besonderem Maße betrifft, die zudem bis heute in Frankreich konsensfähig ist, geht es natürlich auch um Inhalte. Wie sollte man in der Diplomatie Inhalt und Form voneinander trennen?

Begrenzen wollen wir uns nur soweit, wie es um die großen Linien seiner Politik geht, insbesondere um den Versuch, die Verhältnisse in Europa und, soweit Europa davon berührt war, zwischen Ost und West in Bewegung zu bringen. Seine Politik «zwischen Atlantik und Ural» galt der Stellung Frankreichs im großen Weltkonflikt zwischen den USA und der Sowjetunion. Er brauchte diesen geographischen Begriff in verschiedenen Jahrzehnten und am häufigsten zuletzt. Seinen Zeitgenossen klang er altväterlich und antiquiert, jedenfalls bewußt dem vorherrschenden Weltbild entgegengesetzt. Heute bekommt er schon ein aktuelles Flair, so daß man sich fragen kann, ob und wieweit ihn auch diese Begriffswahl als das ausweist, was man gelegentlich von ihm sagte: ein Mann des neunzehnten wie des einundzwanzigsten Jahrhunderts – soweit nicht das schon ein Teil der Legende ist, von der wir uns möglichst nicht verführen lassen wollen.

2. Biographisches

Der Junge, der am 22. November 1890 in Lille als Sohn des Gymnasiallehrers Henri de Gaulle und seiner Frau Jeanne Maillot geboren wird, erhält den Taufnamen Charles André Joseph Marie. Er ist das dritte Kind, der zweite Sohn. Seine Mutter stammt aus der gleichen Familie wie schon seine Großmutter väterlicherseits. Im Norden Frankreichs, wo sich seine Jugend an verschiedenen familiären Plätzen abspielt, wo, in Arras, seine erste Garnison liegen wird und wo er, in Calais, auch seine Frau, Yvonne Vendroux, findet, gibt es zwischen dem einfachen Namensadel, zu dem die Familie de Gaulle gehört, und der Schicht der bürgerlichen Notabeln, aus dem die Frauen stammen, keinerlei gesellschaftliche Unterschiede. Man ist katholisch, konservativ, republikanisch mit etwas nostalgischen Erinnerungen an die Monarchie, und man weiß, nach der Niederlage von 1870, daß es irgendwann eine Revanche geben wird, geben muß ...

Lehrjahre, Kriegsjahre

Der junge Charles geht schon früh davon aus, daß er sich als 19jähriger um die Aufnahme in die Offiziersschule von Saint-Cyr bewerben wird. Auf seinen Schulen und durch seinen Vater ist er auch mit deutscher Geisteskultur, mit Kant, Fichte, Hegel, Goethe, Nietzsche, Hölderlin vertraut gemacht worden. Manches davon hat er sein Leben lang bewahrt. Er lernt Deutsch, verbringt 1908 die Sommerferien im Schwarzwald, wo entfernte Verwandte seiner Mutter leben, um sich weiter in der Sprache zu vervollkommnen, die für ihn, ohne daß er von feindlichen Gefühlen durchdrungen wäre, «die Sprache des Feindes» ist. 1914 zieht er als Oberleutnant in den Krieg, 1915 wird er vor Verdun verwundet, fällt in deutsche Gefangenschaft, macht mehrere Ausbruchsversuche, kommt in eine besonders streng bewachte Festung bei Ingolstadt, hält sich dort über die Kriegsereignisse auf dem laufenden durch die Lektüre deutscher Zeitungen und Heeresberichte, aus denen er seinen Kameraden regelmäßig vorträgt.

Nach Kriegsende erlebt er als französischer Instruktionsoffizier bei der polnischen Armee den Vormarsch der Bolschewisten und «das Wunder an der Weichsel», durch das sie zurückgeschlagen werden.

Zweimal findet er Verwendung bei der Besatzungsarmee in Deutschland, 1924/25 als Hauptmann beim Generalstab der Rheinarmee in Mainz, 1927 bis 1929 als Major und Bataillonskommandeur in Trier. Dann ist er kurze Zeit bei der Kolonialarmee im Libanon.

Längst aber ist er als Militärtaktiker und Lehrer für Kriegsgeschichte aufgefallen. Sein erster Regimentskommandeur aus Arras, der inzwischen einer der Kriegsgötter Frankreichs geworden ist, Marschall Philippe Pétain, der Sieger von Verdun, hat sich seiner angenommen, fördert ihn, beschäftigt ihn in seinem Arbeitskabinett als Redenschreiber, erwartet von ihm eine große pädagogische Arbeit über das Soldatentum unter dem Titel «Le soldat». Das Manuskript für das erste Kapitel liegt bald vor, und Pétain stimmt ihm in einem kurzen Vermerk befriedigt zu. Doch kommt es über die Form der Veröffentlichung schließlich nach mehreren Jahren zur Entfremdung zwischen beiden. Der Oberst de Gaulle läßt das Buch mit dem Titel «La France et son Armée» unter seinem Namen mit einer Widmung für den Marschall erscheinen, aus der man erfährt, daß Pétain das Buch «angeregt und seine Redaktion mit seinem Rat geleitet» habe. Pétain wendet sich verärgert an den Verlag, verlangt eine Berichtigung. Das Vertrauen ist zerstört. Aber während vieler Jahre hat doch der Marschall Philippe Pétain in eingeweihten Kreisen der Armee als Schutzpatron des Hauptmanns, Majors und Oberstleutnants de Gaulle gegolten, der seinem ersten Sohn im Zeichen der Verehrung für Pétain den Vornamen Philippe gab und dem Gerücht, der Marschall selbst sei der Taufpate, freien Lauf ließ.

Das Buch über «Frankreich und seine Armee» (1938) ist nicht die erste militär-philosophische Arbeit, die de Gaulle veröffentlicht, 1924 erschienen Betrachtungen über die Ursache des deutschen Zusammenbruchs unter dem Titel «La discorde chez l'ennemi« (Die Zwietracht beim Feinde), 1932 kam ein Buch über militärische Führung «Au fil de l'épée» (Des Schwertes Schneide) und 1934 ein Plädoyer für eine Berufsarmee unter dem Titel «Vers l'armée de métier» (das deutsch 1935 unter dem Titel «Die Stoßarmee» erschien).

Die beiden letzten Bücher kann man europäischen politischen und militärischen Tendenzen zuordnen, in denen eine gewisse Verdrossenheit gegenüber dem parlamentarischen System zum Ausdruck kommt und die, vor allem auch in Deutschland, Idealvorstellungen eines gesellschaftlichen Aufbaus nach Führerschaft und soldatischen Tugenden dagegen setzen.

In «L'armée de métier» setzt sich de Gaulle aber auch für starke mechanisierte, von Berufssoldaten formierte Verbände ein, beruft sich dabei auf die Reichswehr von 100000 Mann und fordert eine Umstellung der Strategie auf schnelle bewegliche Kampfführung, wie Panzerverbände sie erlauben. Dieses Buch wird außer ins Deutsche auch ins Russische übersetzt. Es ist denen bekannt, die, wie General Guderian, die Panzerverbände der Wehrmacht aufbauen; sie verweisen auch gelegentlich auf diese ihnen verwandten Überlegungen in Frankreich, werden aber nicht etwa erst von ihnen inspiriert.

Zu Hause in Frankreich haben die Vorschläge de Gaulles keine Wirkung. Er löst zwar mit Denkschriften, in denen er seine Forderungen vertritt, eine gewisse, vor allem auch parlamentarische, Diskussion aus. Der Abgeordnete Paul Reynaud setzt sich dafür ein, und als dieser im März 1940 die Regierung übernommen hat und Ministerpräsident Daladier, dem Unterzeichner des Münchner Abkommens, in der Verantwortung gefolgt ist, überträgt man de Gaulle unmittelbar nach dem Beginn der deutschen Offensive das Kommando über eine improvisierte Panzerdivision, die er als «Brigadegeneral zur zeitweiligen Verwendung» kaum vier Wochen lang führt. Mit ihr kann er zwischen dem 17. und 19. Mai 1940 den schnellen deutschen Vormarsch in einem Abschnitt südlich der Stadt Lille für eine kurze Frist aufhalten. Am 6. Juni beruft ihn, während sich der Zusammenbruch Frankreichs schon ankündigt, Regierungschef Reynaud als Unterstaatssekretär für das Heer in sein Kabinett.

Exil und Heimkehr

In dieser Eigenschaft und während sich um die britischen Verbände der Ring bei Dünkirchen schließt, konferiert er zweimal mit Winston Churchill, dem britischen Premier.

Als Frankreich am 18. Juni 1940 kapituliert, ruft er von London aus zum Widerstand auf. Vor dem Mikrophon der

BBC erklärt er: «Frankreich hat eine Schlacht verloren, aber nicht den Krieg». Es sei durch technische Unterlegenheit niedergeworfen worden. Eine noch größere Überlegenheit könne eines Tages auch die deutsche besiegen. Die französische Regierung könne den Krieg von den überseeischen Gebieten aus fortsetzen. «Frankreich hat sich verpflichtet, seine Waffen nur in Übereinstimmung mit seinen Verbündeten niederzulegen. Solange seine Verbündeten den Kampf fortsetzen, hat Frankreichs Regierung nicht das Recht, sich dem Feind zu ergeben.»

Dieser Richtschnur folgend ist General de Gaulle vier Jahre lang bis zum Sommer 1944 der Gegenspieler des Marschalls Pétain, der im Juni 1940 an die Spitze Frankreichs berufen wird, der dann in Vichy, in der zunächst noch unbesetzten Zone Frankreichs, regiert und der nach und nach in immer stärkere Abhängigkeit von der deutschen Besatzungsmacht gerät. Nach Kriegsende wird er wegen Kollaboration mit dem Feinde zum Tode verurteilt, begnadigt, aber bis kurz vor Ende seines 95jährigen Lebens in Haft gehalten.

General de Gaulle bildet in London ein «Comité français de libération nationale», das er später (1943) nach der alliierten Landung in Nordafrika und der Übersiedlung nach Algier in eine Exilregierung verwandelt. Im Juli 1940 ist er von einem Kriegsgericht zum Tode verurteilt worden. Ab 1942 hat er systematisch seine Beziehungen zu den innerfranzösischen Résistance-Gruppen aufgebaut; sie erkennen in ihm den äußeren Führer des Widerstands. Einen Gegenspieler, General Henri Giraud, mit dem er auf Druck der Amerikaner in Algier die Führung der Freien Franzosen teilen muß, hat er nach wenigen Monaten wieder ausgebootet. Ihn selbst verdächtigen die Amerikaner, insbesondere Roosevelt persönlich, diktatorischer Neigungen.

Im August 1944 kann er als Sieger in das befreite Paris einziehen, eine zunächst provisorische Regierung bilden, die französischen Truppen, die schon von Afrika aus am Krieg teilgenommen haben, diesmal durch reguläre Aushebungen verstärken und durch sie die südwestliche Ecke Deutschlands erobern lassen. Er ist vertreten, als die Alliierten am 8. Mai 1945 die deutsche Kapitulation entgegennehmen. Beim Potsdamer Abkommen sitzt er nicht mit am Tisch der Sieger, aber er kann es nachträglich unterschreiben, erhält eine Besatzungszone und das Recht, innerhalb der «Großen Vier» das zukünftige Schicksal Deutschlands mitzubestimmen.

Die Politik, die er gegenüber Deutschland verfolgt, läuft darauf hinaus, Frankreich auf Kosten des alten deutschen Rivalen endgültig als europäische Großmacht zu etablieren. Er will das linke Rheinufer und das Saargebiet vom Deutschen Reich trennen und in unterschiedlicher Form unter Frankreichs Hoheit oder Einfluß stellen. Das Ruhrgebiet soll eine internationale Verwaltung bekommen. Den Rumpf zwischen Rhein und Oder möchte er in Länder-Souveränitäten aufgeteilt sehen unter einem dürftigen gemeinsamen Dach. Sowohl seine westlichen Alliierten wie Stalin, mit dem er im Dezember 1944 in Moskau einen Bündnis- und Freundschaftsvertrag geschlossen hat, lehnen den größten Teil seiner Forderungen ab. Aber seine Nachfolger vertreten sie noch bis 1948/49 mit wechselnder Zähigkeit und geringem Erfolg. Er selbst ist am 26. Januar 1946, zerstritten mit den Parteien und ihren Ansprüchen, überraschend von der Regierung zurückgetreten.

Von 1947 bis 1952 versucht er mit Hilfe einer «Sammlungsbewegung des französischen Volkes» (Rassemblement du Peuple Français, RPF) an die Regierung zurückzukehren, muß aber nach großen Anfangserfolgen die Aussichtslosigkeit des Unternehmens erkennen und zieht sich nun ganz in sein Landhaus nach Colombey-les-deux-Eglises in Lothringen zurück, wo er seine Kriegserinnerungen schreibt.

1958, nach zwölf Jahren, ist sein selbstgewähltes Exil beendet. Die Unfähigkeit der IV. Republik, mit der Entkolonisierung fertig zu werden und den Algerienkrieg zu beenden, bringt ihn an die Regierung zurück. Eine neue Verfassung nach dem Muster der Vorschläge, mit denen er 1945/46 an den Parteien scheiterte, macht ihn für sieben, dann für weitere vier Jahre zu einer Art Wahlkönig der Franzosen, bis er am 28. April 1969, auch jetzt wieder freiwillig, aus dem Amt scheidet, weil ihm die Wähler die Mehrheit verweigern für eine Regionalreform, die er als unverzichtbar für die Modernisierung des Landes ansieht.

Er hinterläßt seinen Nachfolgern vor allem die Möglichkeit, eine völlig souveräne, von keinen Mehrheiten abhängige Außen- und Sicherheitspolitik zu machen und hat für deren Grundsätze und Konturen einen breiten Konsens geschaffen. Wie er das machte – das ist der Gegenstand der weiteren Darstellung.

3. «Im Anfang war das Wort»

Als er 1932 sein kleines Buch über soldatisches Führertum veröffentlichte, mit dem er einige Vorträge vor der Kriegsakademie zusammenfaßte, gab er dem ersten Kapitel ein Motto, das er aus Goethes «Faust» übernommen hatte: «Im Anfang war das Wort? – Nein, im Anfang war die Tat.» Mit seiner Lebensgeschichte und der Art seines politischen Handelns könnte man bequem das Gegenteil beweisen. Vieles begann mit dem Wort. Schließlich führte ihn sein nächstes Buch, das von der Notwendigkeit starker, schneller Panzerverbände handelte und ihn bald in politischen Kreisen bekanntmachte, 1940 in die Regierung und damit nach London, wo er zunächst provisorisch die Spitze des französischen Widerstands bildete. Man wartete auf einen prominenteren Vertreter. Wenn er schließlich der unbestrittene Führer der Résistance blieb, vor allem auch die inneren Widerstandsgruppen hinter sich bringen konnte, dann verdankte er das in hohem Maße dem Wort, das er regelmäßig über die Rundfunkwellen an die Franzosen richtete, Botschaften, oft in harten Marmor gemeißelt und nach den vier berühmten Klopfzeichen mit dem Anspruch auf die Wahrheit vorgetragen: «Ich, General de Gaulle ...

Als er sich im Juni 1944 endlich darauf vorbereiten konnte, nach Frankreich zurückzukehren, war sein letzter großer Streit mit der britischen Regierung nicht ein Streit um Worte, sondern schlicht und einfach um «das Wort» und wer legitimiert sei, es in dieser Lage nach eigenem Ermessen an die Franzosen zu richten. Er sollte damals wie andere Exilfürsten mit einer passenden, in ein englisches Mikrophon gesprochenen Erklärung der Invasionsarmee seinen Dank abstatten, nachdem vorher eine Proklamation des alliierten Oberbefehlshabers, General Eisenhower, an die Franzosen verlesen worden war. Das ertrug er nicht. Er verweigerte seine Mitwirkung, und Churchill verstieg sich im ersten Zorn zu der Drohung, ihn verhaften zu lassen.

Auch als er später regierte oder an die Regierung drängte, in allen dramatischen Augenblicken oder wenn er selbst die Lage dramatisierte, «griff er zum Wort», wie andere zur Waffe greifen. Seine «Sammlungsbewegung des französischen Volkes« war eine Tribüne für Kampfreden oder für scharfgeschliffene Erklärungen. Als die Führung der IV. Republik im Mai 1958 zögerte, ihn an die Regierung zu berufen, schuf er eine dramatische Situation, legte dann eine bange Pause ein und überraschte Frankreich mit der Erklärung: «Ich habe gestern die notwendige reguläre Prozedur zur Errichtung eines republikanischen Regimes in Gang gebracht ...» Das war eine mehr als kühne Behauptung. Aber die Regierung hatte nicht mehr die Kraft, sich ihr zu widersetzen.

Als er zehn Jahre später im Mai 1968 während der Revolte der Studenten und des von ihnen entfachten Aufruhrs wieder eine dramatische Situation schuf, indem er für zehn Stunden von der Bildfläche verschwand, sich zu seinen Truppen in Baden-Baden absetzte, trat er nach Rückkehr ans Mikrophon mit einer kurzen Ansprache, die man auf die Formel bringen kann: «Schluß mit dem Debakel! Jetzt wird gewählt!» Und da er den richtigen Augenblick für die richtigen Worte gefunden hatte, war tatsächlich der ganze Aufruhr wie ein Spuk vorbei.

Bei der Beendigung des Algerienkrieges wandte er eine noch häufiger wiederholte Taktik an: Er gewöhnte die Franzosen durch den Gebrauch immer neuer Worte, mit denen er dem Begriff der Unabhängigkeit Algeriens immer näher kam, langsam an die Unvermeidbarkeit des Verzichts auf dieses letzte koloniale Gebiet, das formell ein Teil des nationalen Territoriums war.

Zunächst hatte er die Masse der Algerienfranzosen, die ihm zujubelten, damit überrumpelt, daß er ihnen zurief, er sehe vor sich «nur eine Kategorie von Einwohnern: Franzosen, die es voll und ganz sind, Franzosen mit gleichen Rechten und Pflichten». «Franzosen, die es voll und ganz sind», das klang wie der Schlachtruf der Kolonialfranzosen vom «französischen Algerien». Aber die «Franzosen mit gleichen Rechten und Pflichten», diese Formulierung enthielt die Gleichberechtigung der Moslems, die damals noch durch ein Zweiklassenwahlrecht entmündigt waren. Als er später eine so banale Feststellung traf wie «die Moslems sind die Moslems», stieß er die Franzosen mit der Nase auf die Realität, daß neunzig Prozent der Einwohner Moslems waren, die sich meist gar nicht in die französische Kultur integrieren lassen wollten. Als er dann klarstellte, daß «das Algerien von Papa zu Ende geht», konnten sich die Millionen Algerienfranzosen ausrechnen, daß es mit ihren Privilegien zu Ende gehen würde, und als er schließlich vom «algerischen Algerien» sprach, da standen die Verhandlungen, die zur Unabhängigkeit Algeriens führen sollten, vor der Tür.

Er mußte sich vor allem darum so vorsichtig und listig an die Realitäten herantasten, weil die Algerienfranzosen ein Bündnis mit der Armee eingegangen waren, die zum größten Teil in Nordafrika stand. Aber er konnte auch nicht übersehen, ob die algerische «Nationale Befreiungsfront» in Verhandlungen vielleicht zu Zugeständnissen bereit war.

Kathedersprüche bei Pressekonferenzen

Seine größten verbalen Leistungen waren seine «Pressekonferenzen», die diese Kennzeichnung nur des äußeren Rahmens wegen verdienten, in Wirklichkeit Staatsakte waren, in denen er seine Politik zelebrierte und vor allem die Außenpolitik.

Im großen Festsaal des Elysee saß er auf einem kleinen Podium, zu seiner Rechten und Linken die Minister seiner Regierung und andere Mitarbeiter, vor ihm mehrere hundert Journalisten, alle auf den kleinen goldenen rotbespannten Stühlchen des III. Kaiserreichs. Durch einen rotgoldenen Vorhang, den ihm ein livrierter Saaldiener offenhielt, hatte er mit wenigen Schritten seinen Platz erreicht. Er gab dann gewöhnlich eine kurze Einführung oder umschrieb mit einigen Sätzen den Rahmen, in dem die Konferenz sich entwickeln sollte und bat um Fragen. Nun spielte sich alles nach einem bestimmten Schema ab: entweder ließ er gleich zu einem Thema mehrere Fragen stellen, sammelte sie sozusagen ein, gab möglicherweise auf eine oder zwei unerwartete Fragen kurze Antworten und faßte das für ihn Wesentliche dann so zusammen, daß er als Antwort die lange Erklärung abgeben konnte, auf die er vorbereitet war. Oder aber er hatte durch seinen Pressesprecher präzis die Fragen vorbereiten lassen, auf die er eingehen wollte. Es konnte passieren, daß nicht gleich eine vorbereitete Frage gestellt werden konnte, daß ein anderer Journalist ihr zuvorkam. Damit wurde er fertig. Klar war immer: wenn er zu einem längeren Exposé ansetzte, dann hatte er das gewünschte Stichwort bekommen.

Er hatte die Antwort zunächst geschrieben, dann memoriert und trug sie nun während 20 oder 30 Minuten gut gegliedert und oft spannend vor. Sein phänomenales Gedächtnis verließ ihn nie. Der «offizielle Text» wurde schon bald nach Ende der Konferenz freigegeben. Am Anfang übertrug das Fernsehen diese Konferenzen zeitversetzt. Dann hatte er bis zu tausend Zuhörer, natürlich in der großen Mehrheit Journalisten, aber immer auch andere Gäste, für die es eine Auszeichnung war, hier eingeladen zu sein. Später, als man die Pressekonferenz live auf dem Bildschirm verfolgen konnte, bröckelte die journalistische Zuhörerschaft aus praktischen Gründen, nämlich wegen der Zeitersparnis, etwas ab, obwohl die Veranstaltung immer noch als ein Ereignis empfunden wurde, bei dem man tunlichst «dabei» war.

Auch außerhalb des Saales, ja, außerhalb des Landes, hatte allein die Ankündigung, daß de Gaulle auf diese zeremonielle Weise etwas zu verkünden habe, elektrisierend gewirkt. Er hatte auch immer etwas zu sagen, was Aufsehen erregen mußte, meist irgendwelche Kreise oder Regierungen schokkierte. Wir werden in den verschiedenen Abschnitten dieses Buches immer wieder Beispiele für solche Auftritte und ihre Folgen finden.

Als ich einmal, zwei Tage nach einer solchen Veranstaltung, im Jahre 1964 in Bonn den Altbundeskanzler Konrad Adenauer in seinem Büro im Bundeshaus aufsuchte, in dem er seit Herbst 1963, seit seinem Abgang von der Regierung, arbeitete, empfing er mich mit den Worten: «Nun hatten wir ja wieder eine dieser schrecklichen Pressekonferenzen von Herrn de Gaulle . . .» Und er fügte nach einer kleinen Pause hinzu: «Ich muß Ihnen aber sagen, daß ich ihn verstehe.» De Gaulle hatte sich darüber beklagt, daß die Zusammenarbeit mit Bonn – während der Regierung Erhard-Schröder – nicht so verlaufe, wie er es nach dem deutsch-französischen Vertrag von 1963 erwartet habe. Wenn Adenauer diese Art öffentlicher Rüge, die nicht ihm galt und die er als berechtigt anerkannte, trotzdem «wieder schrecklich» fand, dann erinnerte er sich an Gelegenheiten während seiner eigenen Regierungszeit, bei denen seine Politik von den gaullistischen Kathedersprüchen zwar nicht angegriffen, aber doch stark in Mitleidenschaft gezogen worden war. Es war vor allem die Pressekonferenz vom 14. Januar 1963, mit der de Gaulle, wenige Tage vor Unterzeichnung des deutsch-französischen Vertrags, den Engländern, die für den Beitritt zur Europäischen Gemeinschaft kandidierten, schroff den Stuhl vor die Tür setzte. Sie würden, so behauptete er, dem europäischen Zusammenschluß „einen völlig neuen Inhalt geben», so daß schließlich eine «kolossale atlantische Gemeinschaft in Abhängigkeit und unter Führung der Vereinigten Staaten entstehen würde». Kurz: sie seien das «trojanische Pferd» der Amerikaner. Das wurde natürlich auch in Washington als Provokation empfunden und färbte erheblich ab auf die amerikanische Einstellung zum deutsch-französischen Vertrag. Er wurde, als der Text einige Tage später vorlag, in Washington als der Versuch de Gaulles gewertet, Bonn in eine antiamerikanische Europa-Politik einzubinden. So löste er nicht nur Proteste aus, sondern auch eine erhebliche amerikanische Einflußnahme auf die innerdeutsche Diskussion um den Vertrag, der schließlich im Bundestag nur mit einer Präambel ratifiziert werden konnte. Sie ordnete ihn den vorher geschlossenen atlantischen und europäischen Abmachungen unter und entwertete ihn damit in den Augen de Gaulles. Trotz des Umfangs, den die Auseinandersetzung in der Bundesrepublik annahm, wo sie quer durch die Koalition und Parteienlandschaft einen Graben zwischen «Atlantikern» (= Pro-Amerikanern) und «Europäern» (= Pro-Gaullisten) zog, blieb das alles – rückschauend betrachtet – ein «Sturm im Wasserglas». Aber er verdunkelte Adenauers letzte Regierungszeit.

Einige Jahre zuvor schon hatten sich weite Kreise der deutschen Öffentlichkeit entrüstet, weil General de Gaulle in einer Pressekonferenz ein deutsches Tabu angriff: Es war mitten in der Berlin-Krise, die Chruschtschow im November 1958 entfacht hatte mit der ultimativen Forderung, West-Berlin in eine «freie Stadt» zu verwandeln und die Vier-Mächte-Regelung zu beenden. Die Sowjetunion, so hieß es, werde nach Ablauf von sechs Monaten ihre Kontrollrechte auf die DDR übertragen; sie biete beiden deutschen Staaten Friedensverträge an. Die Diskussion um diese Forderung rückte natürlich die deutsche Frage überhaupt in den Vordergrund. Daran beteiligte sich de Gaulle, der sonst die Moskauer Forderung ohne jede Kompromißbereitschaft zurückwies, am 25. März 1959 in einer Pressekonferenz. Sie enthielt über die Zugänge nach Berlin, die Freiheit der Berliner, die Nicht-Anerkennung der DDR, die Rolle Frankreichs im Atlantischen Bündnis eine ganze Reihe von Erklärungen, die man in Bonn als sehr positiv vermerken mußte. Dies gilt insbesondere von der einleitenden Bemerkung, daß «die Wiedervereinigung das normale Schicksal des deutschen Volkes» sei. Aber sie enthielt auch eine Vorbedingung, nämlich, daß dieses wiedervereinigte Deutschland «seine gegenwärtigen Grenzen im Westen, Osten, Norden und Süden nicht wieder in Frage stellt». Und dieser Passus, der eben die Anerkennung des deutsch-polnischen Grenzverlaufs (im Falle einer Friedensregelung) verlangte, beschäftigte die deutsche Öffentlichkeit für eine geraume Zeit. General de Gaulle hatte die Auseinandersetzung um Berlin und um die deutsche Zukunft innerhalb des Ostblocks entschärfen wollen. Er sagte den Polen, daß die Sicherung ihrer Westgrenze bei ihm in besseren, weil auch noch uneigennützigen Händen sei als bei der Roten Armee. – In der Bundesrepublik fand man, daß er die diplomatische Position der Bonner Regierung schwäche. In der Erinnerung Adenauers war auch das eine der «schrecklichen Pressekonferenzen» de Gaulles.

Orakelsprüche

Ob in Pressekonferenzen oder bei anderen Gelegenheiten, de Gaulle griff nicht immer nur zum Wort, um etwas klarzustellen. Er kannte nicht nur den Keulenschlag der Worte oder ihre zersetzende Kraft, um gegnerische Argumente zu erledigen. Oft fand er auch Formulierungen, die seine Ziele ins Halbdunkel hüllten. So konnte er seine Zuhörer dann leichter, Schritt für Schritt, dorthin führen, wo er sie haben wollte. Wer das jetzt dahin interpretiert, daß er sie hinters Licht führte, geht einen Schritt zu weit. Immer war es ja schließlich de Gaulle selbst, der das Halbdunkel nach und nach erhellte und seine Absichten klarer werden ließ. Dieses Verfahren erlaubte es ihm, unangenehme oder schwierige Dinge schon vor der Zeit anzusprechen, in der man sie im hellen Licht der Realitäten anzuerkennen bereit war.

So sah man auch erst später, daß die Erklärung zu den deutschen Ostgrenzen ein Stück politischer Aktion war, die ihren wichtigen Platz in einem Gesamtkonzept einnehmen sollte, das er mit dem Wort «Europa vom Atlantik zum Ural» umschrieb. Es war die Politik, die er konsequent nach 1964, nach dem Ende der Berlin-Krise, begann und für die er noch ein anderes Wort prägte, das in den internationalen Wortschatz einging: «la détente», die Entspannung. Im Englischen wie im Deutschen gebraucht man heute den französischen Begriff, wenn man auf die spezifische Art hinweisen will, in der de Gaulle, und nach ihm andere, die Ostpolitik betrieben.

Die Vorstellung eines «Europa vom Atlantik zum Ural» erinnerte an ein anderes Wort, das so unklar wie ein Orakelspruch war und dennoch eine wichtige politische Aktion einleitete, vielleicht seine wichtigste: die Beendigung des Algerienkriegs. Als er Anfang Juni 1958, bald nach Übernahme der Regierung, Algerien besuchte und ihm auf dem Forum von Algier eine dichtgedrängte Menge, wahrscheinlich mehr als eine Million Menschen, Franzosen und Algerier, zujubelte, begann er seine Rede mit den Worten «Je vous ai compris!» Ich habe Euch verstanden. Was kann man von einem Politiker auf Anhieb mehr erwarten, als daß man von ihm verstanden wird? Und alle legten dann das Wort, mit dem er Vertrauen schuf, so aus, wie es ihnen paßte. Letzten Endes hatten ihn aber nur die wenigsten verstanden. Auch er selbst wußte in diesem Augenblick noch nicht genau, wie die Wege verlaufen würden, auf denen er sein Ziel erreichte. Doch das Ziel, ein selbständiges – autonomes oder unabhängiges – Algerien, das kannte er.

Ähnlich war es mit der Vorstellung eines «Europa vom Atlantik zum Ural». Es sollte ein mit sich selbst ausgesöhntes

Europa sein. Mitte der sechziger Jahre war das kein realistisches Ziel, ein Mann seines Alters – er war damals 74 – konnte seinen Zeitgenossen bestenfalls einen ungefähren Weg zu diesem Ziel beschreiben, es aber bestimmt nicht erreichen. Vielleicht durfte er hoffen, daß später ein anderer es wieder aufgriff. Aber sträubte sich nicht schon das normale Wissen von Politik und Geographie gegen diesen Begriff?

4. «Vom Atlantik zum Ural»

Man fragte sich, was sollte die Formulierung «Europa vom Atlantik zum Ural» besagen? Wollte de Gaulle etwa Sibirien von Rußland trennen? War ihm die ungeheure Ausdehnung der Sowjetunion entgangen, oder wollte er die Augen davor verschließen? Von Staatspräsident Georges Pompidou, der sein Premierminister gewesen war, wird berichtet, daß er Anfang der siebziger Jahre bei einem Essen in der amerikanischen Botschaft diesen Begriff damit erklärte, daß sich General de Gaulle wohl einfach an die Formel gehalten habe, die man in seiner Jugend auf der Schule lernte. Das ist vielleicht nicht falsch, aber sicher auch nicht ausreichend. Man kann annehmen, daß de Gaulle zu dieser einfachen Formel auch darum griff, weil sie den Platz Amerikas und Rußlands in seinem Konzept unklar ließ.

Gegenüber einer großen und starken Sowjetunion brauchte er das amerikanische Gegengewicht und darum den Atlantikpakt. Aber der sollte auf die Dauer nicht das Instrument einer amerikanischen Führungsrolle in der westlichen Welt sein. Er meinte, daß er für eine weitere Zukunft wieder mit einem geschrumpften Machtzentrum in Moskau rechnen könne, das man dann schon mit einer westeuropäischen Gruppierung weitgehend werde ausbalancieren können. Aber das war eine Rechnung auf lange Sicht. Wie sie detailliert aussah, das zeigt die Antwort, die er seinem Botschafter in Washington, Hervé Alphand, gab, als dieser ihn zu einer Erklärung für die Formel «vom Atlantik zum Ural» drängte, die er den Amerikanern geben konnte. De Gaulle sagte:

«Damit dies Europa (vom Atlantik zum Ural) möglich wird, müssen große Änderungen vorausgehen. Zunächst einmal muß die Sowjetunion nicht mehr das sein, was sie jetzt ist, sondern muß wieder Rußland werden. Dann muß China seine östlichen Grenzen bedrohen, also Sibirien. Was kann nicht alles in einer Reihe von Jahren passieren! ... (Diese Formel) stellt nur einen historischen Vorgriff dar und bedeutet keinerlei Schwächung der atlantischen Allianz.» Er nannte auch noch den Zweck, zu dem er die Formel benutzt hatte: er wollte in Mitteleuropa Hoffnung an die Stelle von Mißtrauen setzen.

Wollte er dem Schicksal eine Bahn brechen mit Hilfe einer Art «Gesundbeterei»? Auch solche ironischen Töne gab es, als sich die Welt irritiert oder belustigt nach dem Wert der Formel «vom Atlantik zum Ural» fragte. Heute, wo sie ein östliches Echo gefunden hat, wo Michail Gorbatschow sie gebraucht und wo sie in Ungarn, Polen und der Tschechoslowakei zur Begründung entschlossener Neuorientierungen zwischen Ost und West wiederholt wird, wo man in Moskau, sibyllinisch zwar, aber auch drängend, von der Auflösung der Blöcke spricht, kann man klarer definieren, welche Sensibilitäten die Formel «Europa vom Atlantik zum Ural» ansprach, jedenfalls ansprechen wollte.

Fortdauernde geschichtliche Kräfte: die Nationen

Sie wandte sich an die Völker Mittel- und Osteuropas, an die Sowjetunion insbesondere, darum umfaßt die Deutung, die er seinem USA-Botschafter für den amerikanischen Gebrauch gab, nicht alle Facetten seiner Überlegungen. Er wählte ein Szenario, das man in den USA vielleicht am ehesten verstand.

Aber in Wirklichkeit dachte er an verschiedene Möglichkeiten der Erosion der Sowjetmacht, nicht zuletzt durch die Nationalitäten.

Natürlich wußte er, daß ihm die genauen Wege des Schicksals verborgen waren. Aber er war tief überzeugt, daß er die Kräfte, denen das Schicksal so oder so zum Durchbruch verhelfen würden, richtig voraussah. Dazu gehörte vor allem der Sieg des nationalen Gedankens über die Ideologien: «Ohne sich Illusionen hinzugeben, an die sich die Schwachen klammern, aber auch ohne die Hoffnung zu verlieren, daß die Freiheit und die Würde der Menschen sich schließlich überall durchsetzen, fassen wir den Tag ins Auge, wo, vielleicht in Warschau, in Prag, in Pankow, in Budapest, Bukarest, Sofia, Belgrad und Tirana und in Moskau das totalitäre kommunistische Regime, das noch über soviel eingeschlossene Völker seinen Zwang ausübt, den Weg zu einer Entwicklung einschlägt, die vereinbar ist mit den Wandlungen, die sich auch bei uns ergeben. Dann öffneten sich für ganz Europa die Perspektiven, die seinen Fähigkeiten und seinen Hilfsquellen entsprechen.» Wiederholt findet man bei ihm die Überzeugung, daß die Nation die «Realität» ist, von deren Überlebenskraft der Politiker ausgehen muß.

In diesem Sinne wandte er sich auch gelegentlich direkt an Sowjetrußland mit der Mahnung, es möge bedenken, daß es letzten Endes «trotz allem nur Rußland sein kann, eine weiße Nation, die einen Teil Asiens eroberte.» Wenn eines Tages die Völker der Dritten Welt, vor allem die Habenichtse unter ihnen, gegen das Gefälle von Reichtum, Wissen, Können auf der einen und Rückstand und Armut auf der anderen Seite rebellierten, dann würden sie auch die Sowjetunion als eine entwickelte Industriemacht zur Rechenschaft ziehen. Sie habe aber schon heute alles Interesse, ihre Zukunft an der Seite der anderen europäischen Völker zu sehen, damit diese Völker ihrerseits sich nicht ausschließlich als Schicksalsgefährten Amerikas empfänden und entsprechend handelten.

Auf dem Höhepunkt der Berlin-Krise, als in den militärischen Stäben die möglichen Szenarien eines Zusammenpralls zwischen Ost und West durchgespielt wurden, verlor er nicht sein Ziel aus dem Auge: die Weltmächte sollten veranlaßt werden, auseinanderzurücken, die militärischen Blöcke sollten sich auflösen, jedenfalls lockern und in den Hintergrund treten, damit in Europa wieder Platz sei für europäische Politik. Dazu mußte zunächst ein Klima der Entspannung geschaffen werden, und die wichtigsten Partner Frankreichs auf beiden Seiten – das galt für die Sowjetunion nicht weniger als für die Bundesrepublik – mußten überzeugt werden, daß ihre politischen Interessen in diesem Klima der Entspannung besser gedeihen konnten als im Zeichen des Kalten Krieges.

Als er im März 1960 den Generalsekretär der sowjetischen KP, Nikita Chruschtschow, in Paris empfing, drehten sich seine Gespräche mit ihm schon weitgehend um dieses Thema. So wie sich die internationale Lage darstellte, standen ja auch die Lage im geteilten Deutschland und die deutsche Frage im Mittelpunkt. Diplomatische Mitarbeiter de Gaulles bestätigten, daß den Kern der gaullistischen Argumentation gegenüber Chruschtschow die Sätze bildeten, die sich in seinen «Memoiren der Hoffnung»[1] finden, die der General nach seinem Rücktritt 1969 über diese Zeit schrieb: «Wir müssen (für die deutsche Frage) eine Lösung suchen, nicht, indem wir zwei monolithische Blöcke gegeneinander stellen, sondern indem wir nacheinander die Entspannung, die Verständigung und die Zusammenarbeit («détente, entente, coopération») im Rahmen unseres Kontinents üben. . . . Auf diese Weise schaffen wir zwischen den Europäern vom Atlantik bis zum Ural ein Verhältnis, knüpfen Bande, erzeugen eine Atmosphäre, die zunächst dem deutschen Problem einschließlich Berlin ihre Virulenz nehmen, dann die Bundesrepublik und Ihre Republik in Ostdeutschland sich einander nähern, zusammentun lassen und schließlich das ganze germanische Gebilde fest in ein Europa des Friedens und Fortschritts einfügen, wo es einen neuen Aufstieg nehmen kann.»

Als er schließlich sechs Jahre nach dem Pariser Gespräch mit Chruschtschow am 21. Juni 1966 im Kreml der sowjetischen Führung gegenübersaß und über die Zukunft Deutschlands innerhalb seines Konzepts vom Atlantik zum Ural sprach, wies er sie noch auf folgendes hin: Wenn sie, die Sowjets, ihren Frieden mit den Europäern machten, müsse dies die Deutschen und die Lösung der «deutschen Frage» einschließen. So fänden sie auch ihre Sicherheit. Sonst spekulierten die Deutschen weiter auf den sowjetisch-amerikanischen Gegensatz und versuchten, aus der Spannung Nutzen zu ziehen.

Kurz: die Formel, die Rußland nur bis «zum Ural» zur Kenntnis zu nehmen schien, war ein Appell an die Herren im Kreml, sich als Europäer und mitverantwortlich für europäische Interessen zu empfinden.

Daß de Gaulle gegenüber den USA allein die mögliche Bedrohung Sowjetrußlands durch China herausstrich, war aber keineswegs nur eine taktische Wendung. Die Möglichkeit beschäftigte ihn durchaus. Sie spielte schon in seinem Gespräch am 14. September 1958 mit Konrad Adenauer eine Rolle. Doch wäre es falsch, wollte man alle, oft vom Augenblick inspirierten Details seiner Weltsicht überbewerten. Sie stellten Möglichkeiten innerhalb der Perspektiven dar, die für ihn festlagen, weil sie auf Gewißheiten beruhten, und zu seinen Gewißheiten gehörte die Überzeugung, daß irgendwann die Russen die Kraft verlieren würden, einen so großen Raum in Europa und Asien zu beherrschen. Das Verblassen der Ideologien werde ein Faktor sein, und das erstarkende Selbstbewußtsein der Nationen und Nationalitäten ein anderer.

Ende der NATO, nicht der Atlantischen Allianz

In diesem Sinne sagte er auch den Rückzug der amerikanischen Truppen aus Europa voraus, aber nicht etwa wegen eines amerikanischen Desinteresses am Bündnis mit Europa. Nur werde es ein Bündnis unter ganz anderen Bedingungen und in anderen Formen sein als die integrierte NATO-Streitmacht. Man hat gesagt, ihm schwebe «der Rückzug der Amerikaner aus ganz Europa, nur nicht aus der Bundesrepublik» vor – weil er angeblich gern die gleichzeitige Kontrolle des deutschen Potentials durch Amerikaner und Sowjets verewigt sehen möchte und damit auch die deutsche Teilung. Das stimmt natürlich nicht, obwohl es auf gewisse Widersprüche seines Denkens und Handelns richtig hinweist. Diese Widersprüche entstehen oft dann, wenn man nicht die verschiedenen Zeiträume auseinanderhält, die naheliegenden und die geschichtlichen, in denen sich sein Denken gleichzeitig bewegte.

In einem letzten Gespräch mit Adenauer sprachen beide auch über das deutsch-amerikanische Verhältnis, das sie häufiger beschäftigt hat, und zwar in den letzten Jahren, nach Adenauers Abgang von der Regierung im Oktober 1963, meist in der Form einer Kritik de Gaulles an der «Folgsamkeit» der Bonner Regierung gegenüber Washington. Einmal hatte Adenauer ihn korrigiert und ihm gesagt: «Ich muß Sie vor einem Irrtum warnen. Was Sie jetzt (von der Hinwendung zu Amerika) sagen, das gilt nicht nur für Herrn Erhard und Herrn Schröder. Das ist das deutsche Volk.» In den Gesprächen während der Regierungszeit hatte auch Adenauer häufig Kritik an der amerikanischen Regierung geübt, aber nie mit der Konsequenz, die de Gaulle eigen war.

Bei dieser letzten Begegnung, die am 10. März 1966 stattfand – Adenauer war seit mehr als zwei Jahren nicht mehr Bundeskanzler und kam gerade von einem Besuch in Spanien zurück – empfing de Gaulle ihn zum Essen und zu einem längeren privaten Gespräch im Elysee-Palast. Dabei ging er auf den Austritt Frankreichs aus der NATO ein, den er gerade formell vollzogen hatte, und sagte, Frankreich werde weiter an der Atlantischen Allianz festhalten, und beide Länder, Bundesrepublik und Frankreich, müßten ihre Annäherung im Rahmen der Allianz sehen. Dann erläuterte er noch einmal, warum Frankreich mit dem Abzug der Amerikaner die Souveränität über sein Territorium wiederhergestellt habe und fuhr dann fort: «Wir tun das jetzt. Eines Tages wird Deutschland das auch tun. Länder wie unsere können nicht ewig in einem System leben, in dem sie nicht über sich selbst verfügen. Auf die Dauer vertrauen sie nur sich selbst, und die Regierungen haben keinen Bestand, wenn diese Völker nicht unabhängig sind.»

Plaudereien unter alten Männern, die die Zukunft zu entschleiern suchen, an der sie selbst keinen Anteil mehr haben werden? Oh nein, für de Gaulle war eine Lockerung der Beziehungen zwischen der Bundesrepublik und den USA in Verteidigungsfragen – wenn das auch noch nicht den Austritt aus der NATO bedeuten konnte – ein Anliegen, das sich in gelegentlichen Äußerungen lange verfolgen läßt. Schließlich hatte ja auch der deutsch-französische Vertrag vom Januar 1963, und zwar auf seinen Vorschlag hin, Bestimmungen über eine zweiseitige militärische Zusammenarbeit bis hin zu strategischen Fragen enthalten. Es hatte de Gaulle eine Enttäuschung bereitet, daß diese Bestimmungen auf amerikanisches Betreiben tote Buchstaben geblieben waren (und erst im Frühjahr 1982 von Bundeskanzler Schmidt und Staatspräsident Mitterrand wieder belebt, dann von Kohl und Mitterrand praktiziert wurden.)

Im November 1964, als die Bundesregierung wegen der Verhandlungen um eine Multilaterale Atomstreitmacht der NATO fast dramatisch vor eine Wahl zwischen Washington und Paris gestellt worden war, ging de Gaulle in einer öffentlichen Kundgebung vor Bürgern und Soldaten in Straßburg auf diese Spannungen ein, sprach dabei von der Verteidigungs-Organisation eines «europäischen Europa» und sagte mit deutlicher Anspielung auf die Bundesrepublik: «Es hieße, eine große Hoffnung schwer erschüttern, wenn der eine oder andere tatsächlich auf diese Union verzichtete und in der Rolle einer Hilfsmacht sein Leben einer Macht anvertraute, die gewiß befreundet ist, deren Schicksal aber . . . nicht mit demjenigen Europas identifiziert werden kann.»

Erste Konturen des «Europa vom Atlantik zum Ural»

Mit den vorhandenen Mosaikstücken lassen sich die wichtigsten Konturen seines «Europa vom Atlantik zum Ural» schon jetzt so rekonstruieren, daß man sagen kann: jeder, nicht zuletzt der deutsche, Partner konnte wissen, welche Rolle ihm in dieser Zukunftsvision zugedacht war. Das «Ende von Jalta» war eine andere Formel für seine Politik der Auflösung der Blöcke, die nach dem Zweiten Weltkrieg und im Zeichen des Kalten Krieges entstanden waren.

Um das zu erreichen, mußte ein Klima der Entspannung geschaffen werden. In diesem Klima mußten die kleineren Staaten Mittel- und Osteuropas wieder ihr nationales Profil bekommen und ihre nationalen Interessen vertreten – auch gegenüber der Blockmacht Sowjetunion. Im Westen mußte eine europäische politische Union entstehen. Ihre Verteidigungs-Organisation sollte nach und nach an die Stelle der integrierten NATO treten. Auch dabei sollten die europäischen Verbündeten der USA mehr Selbstbewußtsein zeigen, mehr Verantwortung und mehr Pflichten übernehmen, sich aber keineswegs von den Amerikanern lösen, sondern im Schutz- und Trutzbündnis des Atlantikpakts mit ihnen verbunden bleiben. Wenn auf diese Weise ein neues Gleichgewicht entstehen würde, dann sei es auch an der Zeit, die deutsche Frage zu lösen, und zwar unter Europäern, wobei er das Recht der USA, als Siegermacht an einer Deutschland-Regelung mitzuwirken, nicht bestritt. Das Ergebnis sollte auf jeden Fall ein mit Frankreich eng verbundenes Deutschland sein. De Gaulle sagte es 1960 zu Chruschtschow und 1964 zu Kossygin mit denselben deutlichen Worten: «Wenn das deutsche Volk je das Lager wechseln sollte, so wäre das Gleichgewicht in Europa gestört und der Krieg nicht weit.»

5. Der Platz der USA und die NATO

Wie die meisten Franzosen seiner Generation sah de Gaulle die Vereinigten Staaten als die Macht, die 1918 entscheidend zum Sieg beigetragen hatte, weil sie sich zu denselben Idealen der Freiheit und Menschenwürde bekannten, die Frankreich immer auf seine Fahnen schrieb. Als er dann 1940–1944 im Londoner Exil laufend Schwierigkeiten mit der kritischen Einstellung Washingtons gegenüber seinem Befreiungskomitee hatte, begann er, die Amerikaner selbst auch kritischer zu sehen. Ihr «angeblicher Idealismus verbirgt nur geschickt ihren Machtwillen», meinte er jetzt. «Niemals konsultierten sie uns von Regierung zu Regierung (Er hatte noch nicht einmal eine Exil-Regierung gebildet) ... Sie suchten die französischen Streitkräfte für Ziele einzusetzen, die ihre eigenen waren, als wenn diese Streitkräfte ihnen gehörten, weil sie sie bewaffneten.»[2] Und «die Weigerung, uns als nationale französische Autorität anzuerkennen, verbarg in Wirklichkeit nur die feste Absicht des Präsidenten der Vereinigten Staaten, in Frankreich nach eigenem Ermessen zu handeln.» Was er jetzt von der amerikanischen Teilnahme am Ersten Weltkrieg hielt, sagte er im Februar 1944 dem Sondergesandten Roosevelts, Harry Hopkins.[3] Die amerikanischen Truppen seien 1917 «erst nach drei Jahren gekommen, als wir erschöpft waren von der Abwehr des deutschen Angriffs. Und schließlich rückten sie nur aus einem Grund in die erste Linie vor: wegen der Fesseln, die der deutsche U-Boot-Krieg ihrem Handel anlegte.»

Als 1941 die Sowjetunion in den Krieg hineingezogen wurde, begrüßte er das Ereignis nicht zuletzt wegen der Aussicht, daß sie «als Sieger von morgen Europa und der Welt ein Gleichgewicht garantiert, über das Frankreich sich aus guten Gründen nur freuen kann». Und im Dezember 1942 sagte er dem Sowjetbotschafter in London, Maiski: «Ich hoffe, daß die Russen vor den Amerikanern in Berlin sind.»[4]

Die schwerste Belastung der Beziehungen de Gaulles zu den USA ergab sich in einem Augenblick, der dem Erfolg aller gemeinsamen Bemühungen und dem Sieg über Hitler schon sehr nahekam: als die alliierten Truppen im Juni 1944 in der Normandie Fuß gefaßt hatten. Wer sollte nun die Gebiete, die nach und nach befreit wurden, verwalten und in wessen Namen? Schon während der Vorbereitungen zur Invasionsschlacht mußte de Gaulle feststellen, daß «Roosevelt in Frankreich nach eigenem Ermessen handeln wollte und zwar durch eine ‹Alliierte Militärregierung›, wie sie allgemein für besetzte Gebiete vorgesehen war.» Die Amerikaner hatten Besatzungsgeld für Frankreich drucken lassen und auch andere Elemente einer Zivilverwaltung vorbereitet.

General de Gaulle widersetzte sich mit allen Kräften. Am 10. Juni 1944 erklärte er öffentlich, daß er alliiertes Besatzungsgeld, wenn man es in Frankreich ausgeben sollte, für wertlos erklären werde. Für die Verwaltung der befreiten Gebiete hatte er schon seit einigen Monaten «Kommissare der Republik» ausgewählt und ihre ersten Aufgaben festgelegt. Sobald er am 14. Juni selbst französischen Boden betreten hatte, sprach er die ersten Ernennungen aus. Auf alliierter Seite wurde er von Eden und Eisenhower – gegen Churchill und Roosevelt – unterstützt. Der Ärger legte sich nur langsam und wirkte sich noch in der zögerlichen Weise aus, in der die Alliierten schließlich am 23. Oktober 1944 seine am 9. September gebildete «Provisorische Französische Regierung» anerkannten.

Ganz sicher ist aber ein Erlebnis gegen Ende der Kriegszeit ein Schlüsselerlebnis für die Einstellung de Gaulles zu den USA geblieben, denn es traf die Pläne, die er für Frankreich verfolgte, im Nerv. Das war die Begründung, mit der man ihm mitteilte, daß er nicht zur letzten großen Kriegskonferenz der Alliierten in Jalta am Schwarzen Meer eingeladen werde. Roosevelt hatte seinen Sonderbotschafter, den schon erwähnten Harry Hopkins, Ende Januar 1945 nach Paris geschickt, um de Gaulle von der bevorstehenden Zusammenkunft der drei Kriegsalliierten zu unterrichten und bei dieser Gelegenheit eine schon vorhandene «malaise» in den französisch-amerikanischen Beziehungen auszuräumen. Beide bestätigten sich gegenseitig, daß es diese «malaise» gebe, waren aber unterschiedlicher Auffassung über ihre Ursache. Für de Gaulle hatte sie ihren Grund darin, daß die USA die Franzosen «im ungewissen lassen über die Vorstellungen, die sie sich von der zukünftigen Rolle Frankreichs machen». Nichts deute darauf hin, daß sie Frankreich «seinen Rang als Großmacht wiedergeben» wollten.

Harry Hopkins machte de Gaulle klar, «daß das amerikanische Volk erschrocken war über das Ausmaß des französischen Zusammenbruchs im Jahre 1940".[5] Das war für de Gaulle ein harter Schlag. Schließlich hatte seine Politik seit mehr als vier Jahren, zunächst im Exil und nun an der Spitze der Regierung, gerade darin bestanden, den Zusammenbruch von 1940 vergessen zu machen. Er rächte sich damit, daß er bis zum Ende seines Lebens auf einer legendären Deutung der Jalta-Konferenz bestand. Die Großmächte hätten damals die Welt, vor allem Europa, unter sich aufgeteilt. Da man ihn, de Gaulle, fernhielt, habe niemand die europäischen Interessen vertreten. Die Konferenz drehte sich in Wirklichkeit vor allem um das Schicksal Polens, und die angelsächsischen Alliierten Stalins konnten von sich behaupten, sie hätten – auf dem Papier – die Bolschewisierung Polens verhindert. Die Jalta-Legende de Gaulles wurde, so Alfred Grosser, «der dauerhafteste, tiefstverwurzelte, mit größtem Einverständnis akzeptierte Mythos des französischen politischen Lebens».[6] Auch hier hatte ihm das Wort als Waffe gedient.

Natürlich hat er während der Invasionsschlacht und nach dem Zusammenbruch des Dritten Reichs auch mehrfach mit Anerkennung und Bewunderung die amerikanischen Leistungen und Opfer für die Befreiung Europas gewürdigt. Und selbst als er von 1947 bis 1952 seine Sammlungsbewegung des französischen Volkes anführte, im wesentlichen eine antikommunistische Politik vertrat, aber in seiner Opposition gegen die IV. Republik doch auch deren Anlehnung an die USA oft polemisch begleitete, fand er Worte wie diese, die einer Rede in Nîmes entnommen sind, wo er am Tage der Ankunft Eisenhowers als NATO-Oberbefehlshaber in Paris (7. Januar 1951) sagte:

«Welch ein Beitrag zur Wiederaufrichtung des alten Kontinents würde es sein, wenn ihm ein schneller Beistand über den Atlantik hinweg zuteil würde. Denn jeder kennt, Amerikaner, den Mut Eurer Soldaten und den Wert Eurer militärischen Führer. Ihr stellt sie im übrigen jeden Tag erneut unter Beweis! Der fatalistische Geist, der so viel Menschen umnebelt, würde sich verflüchtigen.»

Er hatte übrigens den Abschluß des Atlantikpakts nur mit Einschränkung begrüßt. Dem militärischen Zusammenschluß des Westens stimmte er zu, die Art, wie die Europäer den Amerikanern die militärische Führung überließen, lehnte er ab. Sie zerstöre Frankreichs Unabhängigkeit, ohne einen wirklichen Schutz zu bieten, und sie «diene schließlich nur der amerikanischen Strategie». Auch von einem «Protektorat» der Amerikaner über Europa war schließlich, 1954, die Rede, als er gegen den Plan einer Europa-Armee zu Felde zog. Den integrierten Systemen, ob atlantisch oder europäisch, warf er vor, daß sie «das Desinteresse der integrierten Länder an ihrer eigenen Verteidigung zur Folge haben werden».

Frankreich muß Atommacht werden!

Man hat gesagt, er habe die Verärgerungen der Kriegszeit abgestreift, als er von 1958 bis 1969 versuchte, seine europäischen Visionen zu verwirklichen und dabei auch mit den Vereinigten Staaten in Konflikt geriet. Mag sein, daß diese Gegensätze nicht oder nur wenig von Ressentiments geprägt waren, obwohl es viele Beispiele, auch im Leben de Gaulles, dafür gibt, daß große Männer sehr nachtragend sein können. Zumindest sein Mißtrauen gegenüber den Amerikanern kam in den Spannungen und Streitigkeiten dieser Zeit immer wieder deutlich zum Ausdruck.

Insbesondere den Aufbau einer eigenen französischen Atomstreitmacht begründete er, je weiter er fortschritt und je weniger er dabei amerikanische Nachsicht oder gar ihre Unterstützung genoß, mit der Unsicherheit des amerikanischen Schutzes. Er sagte es ihnen offen. Wir haben darüber einen aufschlußreichen Bericht aus der Feder des jetzigen US-Botschafters in Bonn, des damaligen Colonel Vernon A. Walters, der am 3. September 1959 dem Präsidenten Eisenhower in einem langen Gespräch unter vier Augen als Dolmetscher diente.[7] Es fand auf Schloß Rambouillet statt, wo de Gaulle seinen Staatsgast untergebracht und sich auch selbst einquartiert hatte.

An diesem Abend setzten sie sich, nachdem alle anderen Gäste das Haus verlassen hatten, im Hausrock vor den Kamin und tauschten Kriegserinnerungen aus. Dabei kündigte de Gaulle seinem Gast an, daß er in einigen Monaten, und zwar am 13. Februar 1960, eine Atom-Explosion mit einer 60-Kilo-Bombe in der Sahara vornehmen werde. Dazu gab er folgende Erklärung:

«Sie, Eisenhower, Sie würden für Europa einen Atomkrieg beginnen, weil Sie wissen, was auf dem Spiel steht. Aber in dem Maße, in dem die Sowjetunion selbst auch die Fähigkeit entwickeln wird, amerikanische Städte zu vernichten, wird einer Ihrer Nachfolger nur dann noch bereit sein, einen Atomkrieg zu wagen, wenn es sich um einen Gegenangriff auf die gleiche Bedrohung handelt. Wenn es soweit ist, müssen ich oder mein Nachfolger alle Möglichkeiten haben, einen Angriff der Sowjets, den sie nur als konventionellen Angriff geplant haben, in einen Atomkrieg zu verwandeln.» Er betonte, er wolle sich mit keiner der Atommächte messen, sondern nur die strategischen Überlegungen der Sowjetunion komplizieren, und er fuhr fort: «Die Sowjets kennen mich. Sie wissen, wenn ich die ‹force de frappe› habe, um auf eine Invasion Westeuropas zu antworten, daß ich mich dieser Waffe auch bedienen werde. Und das wird eine Abschreckung mehr für sie sein. Aber darum muß ich auch ganz alleine schon unausstehlich sein.».

Sein damaliger Widersacher und späterer Nachfahr François Mitterrand hat mit anderen Worten dasselbe gemeint: «Der Schlüssel zur Abschreckungsstrategie in Frankreich ist der Staatspräsident; das bin ich. Alles hängt von meiner Entscheidung ab. Der Rest ist unerheblich.»

Unausstehlich wurde General de Gaulle in den Jahren, in denen es um den Aufbau der französischen «force de frappe» ging, tatsächlich vor allem für die Amerikaner, so daß Nikita Chruschtschow, als er in diesen Jahren (1966) einmal eine Delegation der (oppositionellen) französischen Sozialisten in Moskau empfing, während eines Gesprächs sagte: «Soweit ich sehe, soll die französische Atombombe vor allem die Amerikaner stören, nicht mich.»[8]

War darum de Gaulle anti-amerikanisch und «kein Atlantiker»? – Die Wahrheit: Er war ein Atlantiker eigenen Zuschnitts, ein Mann, der lästig werden wollte, weil man seinem Land nicht den Rang gab, den er selbst ihm zumaß, der aber an seiner Zuverlässigkeit in entscheidenden Dingen keinen Zweifel ließ. Die Ost-West-Strategie konnte für ihn nur auf dem Gleichgewicht beruhen, wenn schon der Westen seine ursprüngliche Überlegenheit nicht wahren konnte. Und schon um dieses Gleichgewicht zu sichern, gehörte Frankreich zum Westen.

Die Grundhaltung de Gaulles kam am deutlichsten zum Ausdruck während der sogenannten Kubakrise im Herbst 1962. Am 22. Oktober empfing er den früheren amerikanischen Staatssekretär Dean Acheson, der ihm eine Mitteilung von Präsident Kennedy zu überbringen hatte. Der amerikanische Präsident hatte der Sowjetunion, die Raketenrampen in Kuba installiert und Raketen auf den Weg gebracht hatte, ein Ultimatum gestellt. Acheson war mit Luftaufnahmen und anderen Dokumenten ausgerüstet. De Gaulle war nicht interessiert, sie sich anzusehen. Das Wort des amerikanischen Präsidenten genüge ihm. Und er beauftragte Acheson: «Sagen Sie Ihrem Präsidenten, daß Frankreich ihn rückhaltlos unterstützt; denn er übt das natürliche Recht jeder Nation aus, sich zu verteidigen. Wir sind an Ihrer Seite.»[9]

Um die Tragweite dieser Erklärung zu ermessen, muß man allerdings auch bedenken, daß Frankreich zu diesem Zeitpunkt schon seine Flotte aus den atlantischen Verbänden zurückgezogen und alle amerikanischen Raketenwaffen von seinem Gebiet entfernt hatte. Es konnte also im Fall eines Atomkriegs damit rechnen, nicht mehr das Ziel sowjetischer Vergeltungs- oder Präventivangriffe zu werden.

Führungsmacht – oder Austritt aus der NATO

Das führt uns in die eigentliche Problematik der französisch-amerikanischen Auseinandersetzung dieser Jahre: Es ging um die Stellung Frankreichs im westlichen Sicherheitssystem und seinen Anspruch, gemeinsam mit den beiden angelsächsischen Mächten eine führende Rolle in diesem System auszuüben – oder aber, auf Distanz zu gehen, die integrierte Verteidigungs-Organisation, die NATO, zu verlassen, ohne den Atlantikpakt als solchen aufzukündigen. – Welchen Platz nahm Frankreich schließlich ein, als es die zweite Alternative – den Austritt aus der NATO – wählte?

Wenige Monate nach dem Regierungsantritt, am 8. September 1958, hatte de Gaulle in einem Schreiben an den amerikanischen Präsidenten und den englischen Premierminister etwas verlangt, was er schon 1944/45 angestrebt hatte, wenn er von einer Wiederherstellung der weltpolitischen Rolle Frankreichs sprach. Diesmal schlug er ein Triumvirat der drei Mächte USA, Großbritannien, Frankreich zur Führung der westlichen Verteidigungsgemeinschaft vor. Es war nicht ein Triumvirat über die NATO – obwohl das dabei auch herausgekommen wäre, sondern eine Einrichtung, die gerade für weltpolitische Konflikte außerhalb des NATO-Bereichs gelten sollte. Natürlich wirkte sie auf das Bündnis zurück. Indochina und der Nahe Osten wurden von de Gaulle als Beispiel genannt, aber gedacht war auch an Nordafrika und an Berlin. Wenn de Gaulle hier den USA oder «den Angelsachsen» die alleinige Entscheidung in weltpolitischen Fragen selbstbewußt bestritt, so stützte er seine Argumentation auf den über die ganze Welt verstreuten territorialen Besitz Frankreichs und seine Bündnisverpflichtungen, vor allem aber auch auf den potentiellen Besitz der Atomwaffe – für die er dank der industriellen Entscheidungen seiner Vorgänger schon bald feste Termine nennen konnte.

Man geht in Frankreich im allgemeinen davon aus, daß de Gaulle sich der geringen Aussichten auf Verwirklichung seiner Vorstellungen wohl bewußt war und den Vorschlag nur zur Rechtfertigung seines späteren Ausscheidens aus der NATO-Integration gemacht hatte. Jedenfalls ließ er diese Alternative schon sehr bald erkennen. Begründet wurde sie von ihm damit, daß «die Strategie verschiedener Nationen unter amerikanischem Oberbefehl ... zwangsläufig eine amerikanische Strategie» sei und daß Frankreich in diesem System «das Recht vorenthalten blieb, selbst die grundlegenden Entscheidungen zu seiner Verteidigung zu treffen.» Wenn ein solcher Zustand, so argumentierte er, Ende der vierziger Jahre bei Gründung der NATO und angesichts einer vielleicht unmittelbaren Bedrohung vorübergehend denkbar gewesen sei, so sei er doch für das französische Selbstverständnis auf die Dauer undenkbar. «Wenn ein Land wie Frankreich Krieg führen sollte, so muß es sein Krieg sein», sagte er Anfang November 1959 in einem Vortrag vor seiner Kriegsakademie, und er breitete vor seiner Öffentlichkeit nun auch die Folgerungen aus, die er daraus zog:

«Die Konsequenz ist, daß wir natürlich fähig sein müssen, uns in den nächsten Jahren eine Streitmacht zu schaffen, die für uns selbst wirken kann – das, was man nach dem Sprachgebrauch eine ‹force de frappe› nennt, die imstande ist, sich jederzeit und überall zu entfalten. Es versteht sich von selbst, daß die Grundlage dieser Streitmacht eine atomare Bewaffnung sein wird.» Der Aufbau dieser Atomstreitmacht bildete nun für einige Jahre den Hintergrund der französisch-amerikanischen Spannungen.

Sie konnte zunächst einmal ungestört vor sich gehen, weil sich Frankreich von dem deutsch-amerikanischen Sperriegel vor seiner Ostgrenze geschützt wußte und weil de Gaulle den Sowjets ohnehin keine offensiven militärischen Absichten zutraute – wegen der damals noch vorhandenen amerikanischen Überlegenheit und wegen der mangelnden Kampfbereitschaft verschiedener nationaler Elemente im Warschauer Paktsystem. So analysiert er über Jahre hinweg die Lage.

Das Mißtrauen der Amerikaner schuf dagegen für ihn manche Behinderung. Zunächst einmal konnte er nicht viel technische Unterstützung von ihnen erwarten – auch wenn sie, wie man inzwischen weiß, nicht so restlos ausfiel, wie man es in Frankreich aus Gründen des nationalen Stolzes gern behauptet.[10] Dann trieben sie einen Keil zwischen ihn und seine europäischen Verbündeten mit dem Versuch einer «Multilateralen Atomstreitmacht», durch die den europäischen NATO-Mitgliedern der Gemeinschaftsbesitz von Atomwaffen gewährt werden sollte – über deren Einsatz aber der US-Präsident verfügte. Als dieser Versuch im Jahre 1966 endgültig scheiterte, «konnten Moskau und Paris aus gleichem Herzen flaggen». (A. Fontaine)[11] Aber drei Jahre lang hatten doch genügt, die Durchführung des deutsch-französischen Vertrags vom 22. Januar 1963 sehr schwierig zu machen. Andere Störfaktoren kamen hinzu. Damit blieb dem, was General de Gaulle mit diesem Vertrag eigentlich bewirken wollte, der Boden entzogen. Er hatte eine europäische Plattform für eine neue Ostpolitik gesucht, für eben jene Politik, die er «vom Atlantik zum Ural» betreiben wollte.

Vieles, was er an größerer Unabhängigkeit im Bündnis für Frankreich forderte, hatte er einem Zusammenschluß westeuropäischer Staaten zugedacht. Als dieser nicht zustande kam, wollte er die deutsch-französische Partnerschaft zum Motor seiner Ideen machen in der Erwartung, daß andere sich anschließen würden. Er hörte nicht auf, die Europäer vor den Gefahren der Rivalität der Weltmächte ebenso wie vor ihrer möglichen Konspiration zu warnen. Auch das beschäftigte ihn vom ersten Jahr seiner Regierungszeit an: «Für Rußland und für Amerika existiert die Abschreckung», sagte er am 2. September 1959 zu Eisenhower. «Aber sie existiert nicht für die Verbündeten auf beiden Seiten. Wer würde denn den einen oder anderen daran hindern, das zu zerschmettern, was zwischen ihnen liegt, das heißt im wesentlichen das europäische Schlachtfeld?»

Einige Wochen später, am 3. Januar 1959 in der Ecole Militaire, wurde er noch deutlicher: «Wer kann sagen, daß sich die politischen Gegebenheiten nicht eines Tages völlig ändern – das ist auf dieser Welt schon öfter geschehen –, und daß sich die beiden Mächte, die das Monopol der Atomwaffen besitzen, nicht verständigen, um die Welt untereinander aufzuteilen? Wer kann, wenn sie ihre Kernwaffen einsetzen sollten, sagen, daß sich nicht jeder der beiden entschließt, seinen hauptsächlichen Gegner zu schonen, um selbst verschont zu bleiben, und daß sie nicht gegebenenfalls die anderen vernichten? Man kann sich durchaus vorstellen, daß aus einem schrecklichen Anlaß Westeuropa von Moskau und Mitteleuropa von Washington aus vernichtet werden ...»

Die Vision eines Europa vom Atlantik zum Ural, in dem die alten europäischen Völker wieder ihre Selbständigkeit und Frankreich einen weiten diplomatischen Spielraum, eine kontinentale Rolle und weltweite Ausstrahlung finden würde, war nicht vorstellbar, solange beide, Amerikaner und Sowjets, an der Elbe standen. Man mußte Mißtrauen gegen beide säen und mußte möglichst auch jeden zu einem späteren Rückzug motivieren. Auf die Dauer mußte die NATO verschwinden – aber die Atlantische Allianz mußte bleiben, und Westeuropa mußte unter französischer Führung und mit der Rückendekkung Amerikas eine politische Realität werden, die man der russischen Realität entgegensetzen oder besser: als Partner an die Seite setzen könnte. Das waren die Perspektiven für ein «Europa vom Atlantik zum Ural». Voraussetzung war eben diese politische Konstruktion Westeuropas, jener Zusammenschluß der Regierungen, die er als «europäisches Europa» beschwor.

6. Eine westeuropäische Union

Der Gedanke an einen westeuropäischen Zusammenschluß war bei General de Gaulle alt. Er taucht schon auf in den Reden, die er 1943 und 1944 als Chef einer Exilregierung vor der Beratenden Versammlung von Algier hielt. Auch England und das rheinisch-westfälische Industriegebiet wurden dazu gerechnet. Das paßte in die Kriegsziele. Diese Vorstellung leitete ihn, als er von August 1944 bis Januar 1946 in Paris an der Spitze der «Provisorischen Französischen Regierung» stand.

In der Opposition hatte er die Europäische Kohle-Stahl-Union (1952) und die Europäische Wirtschaftsgemeinschaft der sechs Kontinentalstaaten (1956), darunter die Bundesrepublik, abgelehnt, und zwar im wesentlichen wegen der Integrationselemente. Eine integrierte Europäische Verteidigungs-Gemeinschaft, für die 1952 die Verträge unterschrieben wurden und die im August 1954 an der französischen Nationalversammlung scheiterte, hatte er aus dem gleichen Grund erbittert bekämpft. «Ich würde eine Revolution machen, um sie zu verhindern», hatte er dem Europa-Korrespondenten der «New York Times», Cyrus L. Sulzberger, gesagt. «Ich werde mit den Kommunisten zusammenarbeiten, um sie zu verhindern.»[12] Tatsächlich traten in der großen öffentlichen Auseinandersetzung namhafte Gaullisten gelegentlich gemeinsam mit Kommunisten auf. Dabei sträubte er sich, anders als die Kommunisten, nicht gegen den Gedanken einer deutschen Wiederbewaffnung, er bekämpfte die integrierte Europa-Armee, weil er sie für eine «vaterlandslose Maschinerie» hielt.

Als er im Juni 1958 wieder die Regierung übernahm, ließ er sich schnell überzeugen, daß der Europäische Gemeinsame Markt nützlich für die Entwicklung der französischen Wirtschaft sei, und er schuf mit einer Währungsreform und anderen wirtschaftlichen Maßnahmen die unausweichlichen Voraussetzungen dafür, daß die Verträge fristgerecht in Kraft treten konnten. Aber er ließ auch sofort seine Kritik gegenüber der Brüsseler supranationalen Bürokratie erkennen. Brüssel war damals noch nicht als Sitz der Gemeinschaft bestätigt, die EWG-Kommission war nur provisorisch in der belgischen Hauptstadt untergebracht. Ein ehrgeiziger Beamter wollte sich für ihren Sitz in Paris stark machen. Paris als «Hauptstadt Europas» sollte dann nach und nach auch andere wichtige europäische Institutionen aufnehmen. Der General winkte ab. Paris brauchte seinen Glanz nicht aus der Anwesenheit von «Technokraten» zu beziehen. Natürlich müsse sich auch eine politische Zusammenarbeit entwickeln. Aber das werde er anders organisieren. Er werde den Kanzler Adenauer und die andern Herren nach Paris einladen und das politische Europa mit ihnen auf den Weg bringen.

Das erwies sich als schwierig. Die europäischen Regierungschefs, die sich im Februar 1961 in Paris, dann im Juli desselben Jahres in Bonn, versammelten, gehörten durchweg zu den Befürwortern des integrierten Europa. Wenn General de Gaulle zu ihnen von seinem Europa sprach, mutmaßten sie, daß er «Frankreich mit europäischem Anhang» meinte. Vor allem Holland und Belgien ließen die Arbeiten der Expertenkonferenz, die unter dem französischen Botschafter Christian Fouchet tagte, nur schwer vorankommen. Der französische Vorschlag sah einen losen Zusammenschluß der sechs Staaten vor in Form einer regelmäßigen Konferenz der Staats- und

Regierungschefs, die sich auf ein kleines ständiges Sekretariat und auf die Arbeit von drei ständigen Kommissionen für Politik, Verteidigung und Kultur stützen sollten. Sobald von Verteidigungsfragen die Rede war, verwiesen alle auf die NATO. Die Benelux-Länder verlangten außerdem die Teilnahme Englands, obwohl man in London kein integriertes Europa wollte, das für Holland und Belgien die einzig vorstellbare Lösung war. Daß der politischen Konstruktion, die von de Gaulle als ein Bündnis der Staaten, in letzter Instanz vielleicht als Konföderation, vorgeschlagen wurde, auch die Brüsseler Administration unterstellt werden sollte, hatten die fünf Regierungen schon im Vorfeld der ersten Begegnung rundweg abgelehnt, und de Gaulle hatte sich diesem Veto gebeugt. Er war bereit hinzunehmen, daß das politische und das wirtschaftliche Europa getrennte Strukturen haben sollten. Vorübergehend schien er auch bereit, die spätere Möglichkeit zu einer supranationalen Entwicklung seiner Europa-Konstruktion als Vertragsklausel zu akzeptieren. Dann zerschlug sich die ganze Unternehmung, und de Gaulle schloß mit Adenauer den deutsch-französischen Vertrag. Die Hoffnung, diesem Vertrag würden sich dann nach und nach die anderen Mitglieder des Sechser-Europa anschließen, was bei der italienischen Regierung vorübergehend erwogen wurde, mußte bald endgültig abgeschrieben werden.

Und England? Es paßte nicht in seine Überlegungen. Churchill hatte ihm während des Krieges klargemacht, wenn er vor der Wahl stünde zwischen dem Ozean und dem Kontinent, dann würde er immer den Ozean, also Amerika, wählen. Aber er, de Gaulle, konnte und wollte nur kontinentale Politik machen. Hier sah er Frankreichs Platz, hier glaubte er in eine Rolle schlüpfen zu können, die Frankreich in seinen großen Zeiten schon gespielt hatte. Die großen Veränderungen der internationalen Politik, die die Meere zu Handlungsräumen der Weltpolitik machten, nahm er durchaus wahr, aber er hielt den Platz, den Europa einnahm, noch immer für unvergleichlich. England wurde in seinen Vorstellungen zu einem

Anhängsel Amerikas. Oft sprach er einfach von «den Angelsachsen». So war auch England eine verbündete atlantische Macht, aber es konnte Frankreich, das heißt de Gaulle, nicht die Führung auf dem Kontinent streitig machen. Eines Tages würden die Engländer dann schon kommen, und man würde sie auch aufnehmen. «Ganz sicher nach mir», pflegte er zu sagen. Und so geschah es denn auch. Er hatte zwar wenige Wochen vor seinem Rücktritt im Februar 1969 einen Versuch gemacht, den Beziehungen zwischen Paris und London, und damit der Europa-Politik, eine Wendung zu geben. Doch das blieb Episode.

Europa der Vaterländer? Nein, der Staaten

Die Gründe, die General de Gaulle für die Ablehnung der europäischen Integration anführte, waren immer die gleichen, aber er fand immer neue Worte. Sie schien ihm schlicht unmöglich, weil es keinen Einiger gebe, «der in ausreichendem Maße die Kraft, die Energie und die Fähigkeit besäße, sie herbeizuführen». Und wenn es doch einen Einiger geben sollte, «dann wäre es kein Europäer». Immer verdächtigte er die alten Europa-Politiker, sie hätten in Wahrheit, bewußt oder unbewußt, die Geschäfte der USA betrieben. Einmal, am 15. Mai 1962, wenige Monate nach dem Ende des Algerienkriegs, als er sich von dieser schweren Hypothek frei fühlte und sich nun ganz seinen außenpolitischen Zielen widmen konnte, sagte er es so deutlich, daß seine Mehr-Parteien-Regierung darüber zerbrach, zerbrechen mußte: «Vielleicht werden gewisse Vorschläge dieses und jenes Anhängers der europäischen Integration manchmal davon (d. h. von den USA) inspiriert. Dann sollte man es sagen.» Und schließlich ironisierte er: «Sehen Sie, wenn man von großen Dingen spricht, denkt man gern an die Wunderlampe, die Aladin nur zu reiben brauchte, um der Wirklichkeit entrückt zu werden. Doch es gibt keine Zauberformel, die es ermöglichte, etwas so

Schwieriges wie ein geeintes Europa zu schaffen. Machen wir darum die Realität zur Grundlage des Gebäudes. Und wenn wir diese Arbeit getan haben, dann können wir immer noch in den Märchen von Tausendundeiner Nacht schwelgen.»

Die realen Grundlagen der Europäischen Einigung waren für ihn die Staaten mit ihren unterschiedlichen Interessen: «Gibt es ein Frankreich, ein Deutschland, ein Italien, ein Holland, ein Belgien und ein Luxemburg, die bereit wären, in einer für sie unter nationalen oder internationalen Gesichtspunkten wichtigen Frage etwas zu tun, was sie für schlecht halten, weil andere es ihnen befehlen? Würden sich das französische, das deutsche, das italienische, das holländische, das belgische und das luxemburgische Volk Gesetzen unterwerfen, die von fremden Abgeordneten beschlossen worden wären und die vielleicht im Gegensatz zu ihrem innersten Wollen ständen? Das gibt es nicht. Es ist zur Stunde nicht möglich, eine Nation, die sich sträubt, einer ausländischen Mehrheit zu unterwerfen.» Die Autorität, Gesetze und Anordnungen für Völker zu beschließen, hätten nur die Regierungen.

In diesem Zusammenhang ging er auf die Formel vom «Europa der Vaterländer» ein, die ihm oft in den Mund gelegt wurde. Er habe sie nie gebraucht. «Das will nicht heißen, daß ich mein Europa verleugne. Im Gegenteil: Ich bin ihm stärker verbunden als je zuvor. Außerdem glaube ich nicht, daß Europa eine lebendige Einheit werden kann, wenn es nicht Frankreich mit seinen Franzosen, Deutschland mit seinen Deutschen, Italien mit seinen Italienern usw. umfaßt. Dante, Goethe und Chateaubriand gehören ganz Europa, gerade weil sie in erster Linie Italiener, Deutsche und Franzosen waren. Sie hätten Europa keinen großen Dienst erwiesen, wenn sie Staatenlose gewesen wären und in irgendeinem integrierten ‹Esperanto› oder ‹Volapük› gedacht und geschrieben hätten.

Es ist nun mal so, daß Vaterland ein menschliches, gefühlsmäßiges Element darstellt und daß Europa nur auf Elemente der Aktion, der Autorität, der Verantwortung aufgebaut werden kann. Welche Elemente? Nun die Staaten! Denn es gibt nichts anderes als die Staaten, die zuständig, legitimiert und in der Lage wären, in dieser Hinsicht etwas zu verwirklichen. Ich sagte es bereits, und ich wiederhole es: Außer dem Europa der Mythen, der Phantasie und des Scheins ist zur Zeit kein andres möglich als das der Staaten.»

Ein Europa, das sich verteidigt

Solange noch im Rahmen des sogenannten Fouchet-Plans über sein Europa der Staaten (eine «Europäische Union») verhandelt wurde (1961/62), warf er die Frage, ob auch die Verteidigung zu den Kompetenzen dieses Zusammenschlusses gehören sollte, nicht mehr auf. Schließlich war man noch gemeinsam in der NATO, und die Partner wollten an diese Integration und an die Unterstellung unter einen amerikanischen Oberbefehlshaber nicht rühren. Eines Tages würde er ja durch seinen Austritt aus der NATO neue Voraussetzungen für einen europäischen Dialog über Verteidigungsfragen schaffen. Dann würde man sehen. Jedenfalls verzichtete er keineswegs darauf, seinem politischen Europa, wenn es sich erst gefunden hatte, auch militärische Kompetenzen zu geben. In den deutsch-französischen Vertrag, der ja als Keimzelle einer engeren europäischen Zusammenarbeit gedacht war, hatte er auch die gemeinsame Abstimmung in Verteidigungsfragen «im Hinblick auf eine gemeinsame Strategie» hineinschreiben lassen.

Als er die Erfüllung dieser Verpflichtung anmahnte und gleichzeitig die unentbehrliche Zusammenarbeit der Franzosen und der Deutschen für die Entwicklung eines «europäischen Europa» berief, sprach er – 1964 im November in der schon erwähnten Rede in Straßburg – mit Nachdruck von den Aufgaben der Verteidigung: «Wir Franzosen halten es für unerläßlich, daß die Mitgliedstaaten so bald wie möglich auf politischem Gebiet, das heißt vor allem auf dem der Verteidigung, eine Organisation ins Leben rufen, die zwar mit der neuen Welt verbündet ist, die aber ganz ihre eigene ist, mit eigenen Zielsetzungen, eigenen Mitteln, eigenen Verpflichtungen.»

Er war in Straßburg, um den Jahrestag der Befreiung im November 1944 zu feiern, und er ließ bei dieser Gelegenheit laut und deutlich daran erinnern, daß Straßburg damals nicht nur befreit, sondern auch gehalten werden mußte und daß es allein ihm zu verdanken war, wenn das auch geschah. Ende Dezember, während der deutschen Ardennen-Offensive, für die Hitler noch einmal etwa 40 Divisionen und 1800 Flugzeuge zusammengekratzt hatte, zeichnete sich plötzlich auch eine Bedrohung des Elsaß ab, und Eisenhower wollte ihr durch Zurücknahme der Front bis auf den Kamm der Vogesen zuvorkommen. Das hätte die Evakuierung Straßburgs bedeutet. De Gaulle griff darauf in den alliierten Befehlsmechanismus ein, er befahl den französischen Truppen, Straßburg zu halten, was geschah.

Nun benutzte er, zwanzig Jahre später, diese Gelegenheit, um darauf hinzuweisen, daß sich Europa militärisch nicht einfach der amerikanischen Führung anvertrauen dürfe. Es verpasse sonst vielleicht die Möglichkeiten einer Aussöhnung des ganzen, westlichen und östlichen, Europa. Er hatte damals bereits die politische Strategie seiner Ostpolitik abgesteckt, Besuche aus dem Osten empfangen oder seinerseits den Austausch von Besuchen vorbereitet. Das Europa «vom Atlantik zum Ural» wurde bei den verschiedensten Gelegenheiten beschworen. Diesen Zusammenhang muß man sehen, wenn man die weiteren Ausführungen der Straßburger Rede richtig einschätzen will.

Europäische Ostpolitik

«Was die Zukunft angeht, angesichts der Entwicklung, die der totalitäre Ostblock vielleicht in innerpolitischer und außenpolitischer Hinsicht nehmen kann unter dem elementaren Druck der Menschen, die auf der anderen Seite des Eisernen Vorhangs danach streben, ihre Würde wieder zu erlangen und angesichts der Völker, die versuchen, über ihr nationales Schicksal zu entscheiden, so liegt vielleicht in dieser Organisation Westeuropas der einzige Weg, um eines Tages die Annäherung ganz Europas möglich zu machen, eines Europa, das sich wieder im Gleichgewicht befindet, seine Probleme selbst löst und seine reichen Mittel für den Frieden und den Fortschritt einsetzt.»

Ein Europa, das in sich selbst, also zwischen Ost und West, ein Gleichgewicht findet? Man darf nicht vergessen, daß er sein Westeuropa in einem atlantischen Bündnis durch die USA gestützt sehen wollte und mit einer Erosion der Macht Sowjetrußlands durch welche Vorgänge auch immer rechnete («... den Druck der Menschen ...», «die Selbstbestimmung der Völker», vielleicht auch die «Rivalität Chinas» ... oder «weil der Kommunismus seine Virulenz verliert»). Um diese in seiner Sicht unvermeidliche Entwicklung im Osten besser zu beobachten, möglichst zu beeinflussen, dabei die Fäden neu zu spinnen, die Frankreich in seiner Geschichte mit Rußland, mit Polen, mit der Tschechoslowakei, mit den Balkanvölkern unterhalten hatte, begann er seine Ostpolitik.

Er wies deutlich darauf hin, daß er sie allein beginnen müsse, weil die Bundesrepublik die gemeinsame Politik, für die der deutsch-französische Vertrag von ihm geschlossen worden war, nicht mitgemacht hatte. In seiner Pressekonferenz vom Juli 1964 – derjenigen, die Adenauer «wieder schrecklich» fand, obwohl er «den Herrn de Gaulle sehr gut verstehen» konnte (S. 22) – führte er alle Gelegenheiten auf, bei denen er das Interesse oder die Zustimmung Bonns vermißt hatte: «die Neuorganisation der Atlantischen Allianz, die dem Osten, insbesondere den Satelliten Moskaus gegenüber einzunehmende Haltung ..., die Anerkennung Chinas ..., die Entwicklungshilfe in Asien, Afrika und Lateinamerika ...» Dann bedauerte er, «daß Bonn bis jetzt noch nicht diese Politik als eine europäische und unabhängige Politik zu begreifen gedenkt», und er schloß mit folgenden Worten, die seinen Alleingang nach Osten ankündigten: «Bis sich der Himmel aufklärt, verfolgt Frankreich mit eigenen Mitteln das, was eine europäische und unabhängige Politik sein kann und soll. Tatsache ist, daß alle Völker froh darüber sind und daß es ihm selbst nicht schlecht bekommt.»

Bevor er dann zwei Jahre später den entscheidenden Schritt seiner Ostpolitik, seine Reise nach Moskau, unternahm, erschreckte er die westliche Welt mit einem Paukenschlag, mit dem Austritt Frankreichs aus der NATO, womit der Abzug aller amerikanischen Truppen, Waffen und Stäbe aus Frankreich verbunden war. Er kündigte den Entschluß am 21. Februar 1966 in einer Pressekonferenz an und schrieb am 7. März den entscheidenden Brief an US-Präsident Johnson. Er gab den Amerikanern eine Frist von einem Jahr für den Abzug, und er führte für seine Maßnahme, die er als einen «normalen Akt der Wiederherstellung der Souveränität» charakterisierte, zwei Gründe an: Die Bedrohung aus dem Osten sei «geringer geworden als zu der Zeit, wo das amerikanische Protektorat in Europa organisiert wurde». Und die amerikanische Sicherheitsgarantie sei nicht mehr so absolut wie zuvor, «weil sich Sowjetrußland inzwischen mit einer Atomstreitmacht ausgestattet hat, die fähig ist, die Vereinigten Staaten direkt zu treffen.» Schließlich wies er damals noch auf die Gefahr hin, daß der Krieg, den die USA in Indochina führten, auf Europa übergreifen könne.

Hoffte er vielleicht, daß alle diese Begründungen auch von anderen NATO-Partnern herangezogen würden, um einen ähnlichen Entschluß zu motivieren? Nein, er erwartete keine unmittelbare Wirkung, denn natürlich war ihm nichts an der Destabilisierung des westlichen Verteidigungssystems gelegen. Aber langsam sollten diese Gedanken schon an Boden gewinnen, darum nährte er auch sonst den Zweifel an der amerikanischen Politik. Natürlich mußte anstelle der Struktur, die sich langsam auflösen sollte, eine neue, eine europäische, treten. Davon konnte in diesem Augenblick keine Rede sein. Aber von nun an warb er, diskret oder offen, nicht zuletzt bei den Mitgliedern des Warschauer Paktes, für seine Zielvorstellung eines von Militärblöcken nicht mehr gespaltenen Europa.

7. «Rußland, heute die Sowjetunion»

Die französisch-russischen Beziehungen haben eine wechselvolle Geschichte. Seit es den deutsch-französischen Gegensatz gab, wurden sie beherrscht von der Frage, wem von beiden, Deutschland oder Frankreich, es jeweils gelang, das große Reich im Osten auf seine Seite zu ziehen. Für die geschichtliche Erinnerung gibt es symbolische Daten und symbolische Gesten, die in Frankreich gepflegt werden – oder die als Warnung dienen.

Kurz vor Ausbruch des Ersten Weltkriegs ging als eine solche Geste die Reise des französischen Regierungschefs Poincaré nach Petersburg in die Geschichte ein. Kurz vor Ausbruch des Zweiten Weltkriegs begann mit der Reise des Reichsaußenministers von Ribbentrop nach Moskau die relativ kurze Zeit des Hitler-Stalin-Pakts. Zwischendurch gab es, 1917, den deutsch-russischen Frieden von Brest-Litowsk und 1922 das in Frankreich berühmt-berüchtigte deutsch-russische Abkommen von Rapallo – zwei Ereignisse, an die die Franzosen nicht gern denken.

Als Symbole für die französisch-russische Waffenbrüderschaft in zwei Weltkriegen pflegt man die Erinnerung an die Tatsache, daß der russische Einfall 1914 in Ostpreußen die deutsche Heeresleitung veranlaßte, Kräfte von der Westfront abzuziehen. Diese fehlenden Divisionen erlaubten es dann den Franzosen, den deutschen Vormarsch zu stoppen. «Das Wunder an der Marne» war also indirekt auch eine russische Hilfeleistung. Dann traf im Ersten Weltkrieg, auch als symbolische Geste gedacht, ein russisches Infanterie-Bataillon vom Schwarzen Meer kommend in Marseille ein. Und im Zweiten Weltkrieg kämpfte eine Fliegerstaffel der «Freien Franzosen» von General de Gaulle, die Staffel «Normandie-Njemen», an der sowjetrussischen Front.

General de Gaulle fügte diesen Symbolen nun ein weiteres hinzu: Er hatte sich für den ersten Staatsbesuch seiner neuen Regierungszeit den 21. Juni 1966 ausgesucht, auf den Tag genau 25 Jahre nach Hitlers Angriff auf die Sowjetunion. Es war klar, daß die deutsche Frage einen wichtigen Platz in der Entspannungsoffensive haben würde, die er an diesem Tag begann. Nach seinem Willen sollte dieser Besuch der erste Schritt sein, um der «Jalta-Ära», der Zeit der Spaltung Europas und der Aufteilung der Welt in zwei Militärblöcke, ein Ende zu bereiten.

Schon am ersten Tag saßen sich die beiden Delegationen – die sowjetische, geführt von dem Dreigestirn Breschnew, Kossygin, Podgorny – im Katherinensaal des Kreml gegenüber. Breschnew, der für die russische Delegation das Wort führte, machte auf die Kostbarkeiten des Raums aufmerksam und auf die geschichtlichen Ereignisse, die hier schon stattgefunden hatten. De Gaulle selbst hatte hier 1944 mit Stalin gesessen und einen Freundschaftspakt geschlossen – «la belle et bonne alliance» –, von dem er sich schon ein Jahr später nichts mehr versprechen durfte und der 1954, als die westlichen Alliierten in Paris die wichtigen Verträge mit der Bundesrepublik schlossen, die zum Aufbau der Bundeswehr führten, von Moskau für erloschen erklärt wurde.

Jetzt hatte er sich vorgenommen, die Sowjetunion vor allem als Rußland zu sehen. Wie beiläufig sagte er gelegentlich «Rußland, heute die Sowjetunion». Er löste ein freundliches Gelächter aus, als er den Kremlherren sagte, Frankreich sei nicht traurig darüber, daß die Sowjetunion durch ihre Existenz ein Gegengewicht gegen amerikanische Hegemonie-Tendenzen bilde, «aber wir ärgern uns ebenso wenig, daß die Vereinigten Staaten die sowjetischen Hegemonie-Tendenzen ausbalancieren».

Deutschlandpolitik im Kreml

Sie wußten, daß er mit dieser Bemerkung auch anknüpfte an die politische Linie, die er schon bei Ende des Krieges verfolgt hatte, als er im Dezember 1944 seinen Bündnis- und Beistandspakt mit Stalin schloß. Sofort nach dem Überfall Hitlers auf die Sowjetunion hatte er sich bemüht, einen möglichst guten Kontakt mit der Sowjetregierung herzustellen, um die notgedrungen engen Beziehungen seiner Londoner Exilregierung mit den Angelsachsen durch Absprachen mit dem östlichen Verbündeten auszubalancieren. Als seine Beziehungen mit Roosevelt und Churchill einmal wieder besonders schlecht waren, hatte er im Kreml anfragen lassen – vielleicht nur, damit der englische Geheimdienst es der Regierung melden konnte –, ob er sein Komitee der Freien Franzosen eventuell auch nach Moskau verlegen könne. Einer seiner ersten Vorschläge an Stalin war gewesen, in den Fragen der Zukunft Deutschlands eine direkte, zweiseitige Verbindung aufrechtzuerhalten.[13] Das war dann auch das Hauptthema seiner Gespräche mit dem roten Zaren im Dezember 1944 gewesen – soweit Stalin ihn nicht auf die Zustimmung zu den politischen Verhältnissen, die er in Polen herstellte, abzudrängen suchte. Die Zukunft sollte überhaupt zeigen, daß die Vorstellung de Gaulles, Paris und Moskau sollten ihre Sicherheitsprobleme gegenüber Deutschland gemeinsam regeln und die Angelsachsen zur Zustimmung zwingen, bei Stalin kein Echo fand. Die Sowjetunion war entschlossen, eine Lage herzustellen, die es erlaubte, ihre Sicherheitsprobleme allein zu lösen.

Das alles hatte General de Gaulle natürlich nicht vergessen, als er jetzt den Sowjets die großen Züge seiner Europa-Politik erläuterte und sie daran erinnerte, daß sie eine europäische Macht seien. Ihr Interesse könne nicht sein, die Westeuropäer fast zwangsläufig ins amerikanische Lager zu treiben. Insbesondere müßten sie, «wenn sie Sicherheit wollen, die deutsche Frage als europäische Frage behandeln». Solange sie ein Zankapfel zwischen den USA und der Sowjetunion bleibe, würden die Deutschen versuchen, sich ihre Spannungen zunutze zu machen. Wenn diese Frage aber europäisch gelöst werden solle, dann müsse sie ein Klima der Entspannung finden. Darum müsse Entspannung und Zusammenarbeit das Ziel der sowjetischen Politik in Europa sein.

Er forderte die Sowjetführung auf, ihr verzerrtes Bild von der Bundesrepublik zu überprüfen: «Die Deutschen haben heute keine politischen und militärischen Ambitionen. Ihre Ambitionen sind wirtschaftlicher Art, und davon kann Europa vielleicht profitieren.» Für ihre Wiedervereinigung habe Frankreich «weder ein sehr glühendes noch ein sehr dringendes» Interesse. Aber er sei besorgt. Die deutsche Frage könne neue Spannungen hervorrufen. Jedenfalls sei keine friedliche Entwicklung in Europa denkbar, solange die Deutschen nicht einen Grund zur Hoffnung fänden. Frankreich denke im übrigen für die Zukunft nicht etwa an die Wiederherstellung eines Deutschen Reiches, es halte «eine Art deutscher Konföderation für wünschenswert».

«détente, entente, coopération»

Die Sowjets hatten aufmerksam zugehört, zu dem Argument, daß die Deutschen die Spannung zwischen den Weltmächten für sich zu nutzen suchten, hatte Breschnew eine zustimmende Bemerkung gemacht. Am nächsten Tag ließen sie wissen, daß das Politbüro über de Gaulles Vorschläge beraten und ihnen im wesentlichen zugestimmt habe. Die Franzosen bezogen das vor allem auf den Rahmen der Entspannungspolitik, den de Gaulle entworfen hatte. Bei der nächsten Sitzung der Warschauer-Pakt-Staaten tauchte nach etwa einem Vierteljahr de Gaulles Formel «Entspannung, Einvernehmen, Zusammenarbeit» (détente, entente, coopération) auf.

Aus der Sitzung der beiden Delegationen im Kreml war aber noch ein kleiner Vorfall aufschlußreich, der sich ergab, als Breschnew den sowjetischen Standpunkt vortrug. Die französischen Teilnehmer hatten den Eindruck, daß er einen der ihnen bekannten Leitartikel der «Prawda» verlas und waren auch keineswegs überrascht, als er de Gaulle aufforderte, seinen guten Willen zu europäischer Zusammenarbeit damit zu beweisen, daß er die Deutsche Demokratische Republik diplomatisch anerkenne. De Gaulle zögerte keinen Augenblick. Er unterbrach Breschnew und sagte in ruhigem Ton – während in seiner Begleitung mancher den Atem anhielt – etwa folgendes: «Ostdeutschland ist ein künstliches Gebilde, das von Ihnen geschaffen wurde und mit dem wir nichts zu tun haben. Täuschen Sie sich nicht. Wir werden es nicht anerkennen. Denn, wenn wir es täten, so würden wir nicht nur dem Versprechen untreu, das wir formell unserem Verbündeten, der Bundesrepublik, gegeben haben, sondern auch unserer eigenen Politik, die nicht auf die Erhaltung des jetzigen Zustandes in Europa gerichtet ist, sondern auf seine Überwindung.»

Die politische Vision, die er vor ihnen entworfen hatte, war seine Vorstellung der «Überwindung von Jalta». Und der Zustand, den er durch eine lange Zeit der Entspannung erreichen wollte, war jenes «Europa vom Atlantik zum Ural», das er schon seit längerer Zeit in Reden und Erklärungen beschwor.

Man sage nicht, Entspannung sei damals ganz allgemein das Thema der Stunde gewesen. Die Amerikaner hatten 1963 mit den Sowjets einen Vertrag über das Verbot von Atomversuchen in der Atmosphäre geschlossen; sie verhandelten über einen Atom-Sperrvertrag, der den Kreis der Atommächte auf diejenigen begrenzen sollte, die bereits Atomwaffen besaßen oder doch, wie China, schon über alle Voraussetzungen verfügten. Washington hatte das Projekt einer Multilateralen

Atomstreitmacht, einer «MLF», die de Gaulle ebenso wie die Sowjets beunruhigt hatte, fallen gelassen. In Bonn hatte man begonnen, mit dem Angebot des Austausches von Handelsmissionen Fäden zu verschiedenen kleineren Mächten des Ostblocks zu spinnen und damit – vergebens – versucht, die DDR zu isolieren; auch die Sprache gegenüber Moskau war vorsichtiger geworden.

Aber General de Gaulle hatte für die Gedanken, mit denen er jetzt vor die Sowjetführung trat, schon 1960 geworben, als er mitten in der Berlin-Krise den sowjetischen Generalsekretär Chruschtschow in Paris empfing – ein Jahr vor dem Mauerbau in Berlin, zwei Jahre vor der Kuba-Krise. Schon damals hatte er die Formel «détente, entente, coopération» gebraucht. Seit 1964 empfing er in Paris Vertreter von Ostblockstaaten oder schickte ihnen seinen Außenminister. Immer ging es darum, eine Politik zu beginnen, die die beiden Hälften Europas einander wieder näherbringen sollte.

Schon im März 1960, als diese Politik im Gespräch mit Chruschtschow die erste, schon recht konkrete Form erhielt, hatten zwei Grundgedanken seine Argumente beherrscht: die Notwendigkeit der Entspannung und der Wunsch, «zu einer Verständigung zwischen West- und Osteuropa zu kommen, damit sie eines Tages gemeinsam ein einziges Europa schaffen». Dieses «einzige», mit sich selbst versöhnte Europa konnte natürlich nur dann zustande kommen, wenn die beiden Weltmächte auseinanderrückten. Und wenn im gleichen Zusammenhang die Frage der Zukunft Deutschlands gelöst war.

Dafür hatte er schon 1959 drei Bedingungen gestellt: Die Deutschen durften weder direkt noch indirekt über Atomwaffen verfügen. Sie mußten die Grenzen im Osten, also die Oder-Neiße-Grenze, anerkennen (manchmal fügte er auch noch die deutsch-österreichische Grenze hinzu). Und sie mußten sich mit Geduld auf einen pragmatischen Weg zur Wiedervereinigung begeben, die ihm «das normale Schicksal des deutschen Volkes» zu sein schien.

Willy Brandt bestätigt in seinen Erinnerungen,[14] daß de Gaulle ihn, als Außenminister der Großen Koalition, über sein Eintreten für deutsche Belange im Kreml unterrichtete und ihn ermunterte, direkter und entschlossener auf die Sowjetmacht zuzugehen; er könne dabei auf seine Unterstützung zählen. Für Brandt bleibt de Gaulle der Mann, «der uns (Deutsche) daran erinnerte, daß wir mehr als ein Nichts seien» und der «die Utopie eines dauerhaft befriedeten Europa zu denken gewagt hat». Aus seinen Erinnerungen an diesen «großen Franzosen» spricht sein Bedauern, «daß ich mich nicht mehr mit ihm auf europäische Politik habe versuchen können». Tatsächlich war de Gaulle ja schon zurückgetreten, als Brandt 1969 Kanzler wurde und die Richtlinien der Bundespolitik bestimmen konnte.

Das Urteil über die Sowjetmacht

Die Ansichten de Gaulles über die Sowjetunion und die Absichten, die er mit seinen Bemühungen um sie verfolgte, sind mit seinen Äußerungen über Deutschland und Europa keineswegs erschöpfend wiedergegeben, wenn sie auch einen wichtigen Bestandteil seiner Politik bildeten. Natürlich hatte er das Wesen der kommunistischen Diktatur nie unterschätzt und oft genug, das «unerbittliche Joch» beklagt, unter dem die Menschen ihres Herrschaftsbereichs litten. Als er im Dezember 1944 Moskau verließ, sagte er zu seinem Interpreten: «Das ist ein unmenschliches Regime; wir haben diese Leute für hundert Jahre auf dem Buckel.» Aber er hat nie «Berührungsängste» gegenüber den Vertretern des Regimes gehabt, weder gegenüber französischen Kommunisten, die ja 1944–1946 in seiner Provisorischen Regierung saßen, noch gegenüber den Vertretern der Sowjetmacht. Ideologien machten ihm grundsätzlich wenig zu schaffen; er hielt sie allesamt für Gewänder, mit denen die Menschen, Gruppen, Parteien, ganze Völker ihre jeweiligen nackten Herrschaftsansprüche und

-methoden drapierten. Für die Art der kommunistischen Herrschaft sah er genügend Beispiele in der russischen Geschichte.

Er sah aber auch die Bedrohungen, denen diese Herrschaft letzten Endes ausgesetzt sein würde. Von außen durch China, von innen durch das nationale Bewußtsein so vieler unterdrückter Völker und Nationalitäten. Darum war er überzeugt, daß man die Moskauer Drohungen, wie jetzt die Bedrohung Berlins, nicht zu ernst nehmen dürfe. Sowohl wegen des (damaligen) Machtgefälles zwischen den USA und der Sowjetunion als auch wegen der diffusen Widerstände, denen die sowjetische Herrschaft in den Ländern des Warschauer Pakts begegnete, lautete seine Analyse: Sie seien zu dem großen Krieg, den ihre Drohgebärden gelegentlich an die Wand malten, weder bereit noch fähig. Unablässig verkündete er während der Berlin-Krise seinen Mitarbeitern und seinen hochgestellten Besuchern: «Es wird nichts passieren – sie wollen den Krieg so wenig wie wir. Wir dürfen ihn nur nicht fürchten, sondern müssen die Herausforderung annehmen.» Das entsprach auch seiner Erfahrung und Einstellung, man dürfe Diktatoren nichts durchgehen lassen, sondern müsse ihnen widerstehen. Wenn man ihnen einmal nachgebe, fordere man sie nur zu neuen Erpressungsversuchen auf. Alles in allem erschien ihm ihr Regime sehr zeitgebunden, dem Verfall ausgesetzt, wenn auch der Verlauf der Erosion dieser Macht und der Zeitpunkt ihres Niedergangs schwer abzuschätzen waren. Aber bei seinen Plänen für Europa rechnete er ja auch mit langen Zeiträumen. Letzten Endes sah er am fernen Horizont seiner Vorstellungen wohl ein Europa, in dem Franzosen und Deutsche nichts Besseres tun konnten als zusammenzustehen, als ein Gegengewicht gegenüber der östlichen Machtkonzentration zu bilden . . ., aber doch so, daß eines Tages auch wieder ein Zusammengehen von Paris und Moskau möglich sein würde, wenn beide das Interesse empfanden, die Mitte Europas unter Kontrolle zu halten. Kurz: So sehr seine Gedanken in die Zukunft gerichtet waren, auf dem Grund seiner gedanklichen

Konstruktion blieb ein Gleichgewichtsdenken im Stil des neunzehnten Jahrhunderts sichtbar.

8. Der Warschauer Pakt und die Anti-Jalta-Politik

Die aktive Ostpolitik de Gaulles begann nicht etwa erst im Sommer 1966 mit seiner Reise in die Sowjetunion. Zwei Jahre früher, im Sommer 1964, hatte der Austausch von Besuchen zwischen Paris und den Hauptstädten des Ostblocks begonnen, unter denen keine vernachlässigt wurde, natürlich auch nicht Moskau, dessen Außenminister im April 1965 in Paris war, um die ersten Vorbereitungen für die große Begegnung von 1966 zu treffen.

Gelegentlich wird ein Zusammenhang hergestellt zwischen dieser diplomatischen Bewegung und der Enttäuschung, die de Gaulle nach dem Rücktritt Konrad Adenauers über die Bundesrepublik und über den deutsch-französischen Vertrag empfand. Tatsächlich war ja der zeitliche Zusammenhang zwischen den Äußerungen der Enttäuschung und der Hinwendung nach Osten, wie wir sahen, durchaus gegeben. Trotzdem ist es falsch, anzunehmen, de Gaulle habe sich nach Osten gewandt, *weil* ihm die deutsch-französische Politik nicht mehr genüge. Die französische Ostpolitik war zur Zeit der Unterzeichnung des Elysee-Vertrags im wesentlichen vorgeplant; sie sollte mit diesem Vertrag ja eine deutsch-französische Grundlage bekommen. Eine Ouvertüre zu dieser Ostpolitik war schon im März 1960 während des Besuchs von Generalsekretär Nikita Chruschtschow in Paris versucht worden, schon damals hatte die Trilogie der Begriffe «Entspannung, Einvernehmen, Zusammenarbeit» im Mittelpunkt der Argumente gestanden, mit denen de Gaulle im Gespräch unter vier Augen auf die Sowjetpolitik einzuwirken suchte – sicher ohne sich kurzfristig und gerade während der Berlin-

Krise einen Wandel zu versprechen. Die deutsch-französische Politik und die Ostpolitik sollten für de Gaulle zwei gleichrangige Elemente in der Entwicklung seiner Konzeption «vom Atlantik zum Ural» sein. Da Bonn schließlich – im wesentlichen durch den amerikanischen Einfluß, davon war er überzeugt – als Partner auf diesem Wege ausfiel, machte er sich allein nach Osten, aber mit kaum anderem Gepäck als ursprünglich vorgesehen, auf den Weg ... um auch in den östlichen Hauptstädten beharrlich von der Lösung des deutschen Problems zu sprechen, weil es ja einer dauerhaften Entspannung im Wege lag.

Diplomatische Anerkennung Rotchinas

Im Januar 1964 hatte Frankreich, zum Ärger Washingtons und zur Verlegenheit Moskaus, die diplomatischen Beziehungen mit Rotchina aufgenommen. Auch das gehörte zu seiner Ostpolitik und hatte im Ostblock nicht wenig Aufsehen erregt, vor allem in Rumänien, dessen Ministerpräsident Maurer von Ende Juli bis Anfang August 1964 in Paris war – als erster Besucher aus dem Ostblock, dem de Gaulle nach seinen Erfahrungen mit Chruschtschow im Jahre 1960 gegenübersaß. Man könnte fast sagen, daß die Wirkung, die dieser Besuch auf ihn haben sollte, schon einen weiteren Passus in derselben Straßburger Rede inspirierte, die für den damaligen Stand seiner Deutschland- wie seiner Ostpolitik so charakteristisch war (S. 32). «Der Monolithismus des ganzen totalitären Blocks», so sagte er, «beginnt zu zerfallen. China tritt, von Moskau getrennt, auf die Weltbühne – kolossal durch seine Bedürfnisse, seine Menschenmassen und seine Hilfsquellen, begierig auf Fortschritt und Anerkennung. Und das sowjetische Imperium, die größte und wahrscheinlich letzte Kolonialmacht unserer Zeit, sieht zunächst durch die Chinesen seine Herrschaft über weite Landstriche Asiens bestritten, und es erlebt, wie nach und nach die europäischen Satelliten, die es durch Gewalt unterworfen hat, von ihm abfallen.»

Er hatte nicht vor, wie die Bonner Diplomatie dieser Zeit, um Moskau herum Beziehungen im Ostblock zu knüpfen. Er wollte alle Ostblockpartner gleichzeitig ansprechen und dabei die Sowjetunion durchaus als Führungsmacht. Aber darum wollte er nicht aufhören, die Dinge so zu nennen, wie er sie sah. Und er wollte überall das gleiche sagen – mit leichter Verschiebung der Akzente.

Nach seiner Reise im Juni 1966 durch die Sowjetunion bereitete er selbst zwei weitere Reisen vor in Ostblockländer, die ihm aus unterschiedlichen Gründen für seine Ziele besonders wichtig oder geeignet erschienen: Polen und Rumänien. In Prag, Budapest und Sofia und natürlich auch in Belgrad beließ er die Kontakte zunächst auf der Ebene der Außenminister.

Lockerungs-Übungen in Polen ...

Bevor er im September 1965 den Besuch des polnischen Ministerpräsidenten Cyrankiewicz empfing, gab er in einer Pressekonferenz in zwei Sätzen das Rezept preis für sein Vorgehen in der Ostpolitik: «Wir behandeln natürlich jedes Land nur im Hinblick auf seine nationale Persönlichkeit. In diesem Zusammenhang messen wir der neuen Entwicklung unserer Beziehungen zu Rußland große Bedeutung bei ...

Als er am nächsten Tag für Cyrankiewicz ein Essen im Elysee gab, sprach er von der französisch-polnischen Freundschaft als einer geschichtlichen Tatsache, tiefer und dauerhafter verankert als «die ideologischen Begleitumstände und die politischen Systeme des Augenblicks, wie verschieden sie auch sein mögen». Darum werde «im internationalen Zusammenhang die entschlossene Begegnung unserer beiden Regierungen, ihr gemeinsames Studium der internationalen Probleme und die Entwicklung ihrer Zusammenarbeit ebenso wichtig wie beispielhaft» sein.

Zwei Jahre später, im September 1967, besuchte er Polen, und da er inzwischen in Moskau seine Grundsätze für die fortschreitende Entwicklung von «Entspannung, Einvernehmen und Kooperation» vorgetragen und dafür Zustimmung erhalten hatte, ging er in seinem Werben um die polnische Teilnahme an seiner Politik zwischen Atlantik und Ural einen deutlichen Schritt weiter. Zunächst warb er um sie, wie er fünf Jahre zuvor auch um die Deutschen geworben hatte. Er betonte ihr Recht auf die neue Westgrenze und daß Frankreich sich vom ersten Tag an dafür eingesetzt habe. Dann benutzte er eine kurze Etappe seines Besuchsprogramms, die ihn durch die 1919/21 umstrittenen und schließlich Deutschland zuerkannten Gebiete Oberschlesiens führte, zu einer Art Hymne auf ihren polnischen Charakter. In Bytom (früher Beuthen) und in Zabre (früher Hindenburg) bekam sein kurzer Zwischenaufenthalt den Charakter eines Volksfestes, und in Zabre bedankte er sich bei der «polnischsten aller polnischen Städte» für den Jubel, der ihm entgegenschlug.

In Warschau und Danzig war die politische Atmosphäre vielschichtiger, sowohl vorder- wie hintergründig. Hier stellte er auch mehr oder weniger eindeutig Fragen an den Zusammenhalt des Ostblocks und bekam dann vom Parteichef Gomulka eine Antwort, die deutlicher ausfiel, als es ihm lieb sein konnte.

In der polnischen Begrüßungseuphorie gab es auch Stimmen, die daran erinnerten, daß General de Gaulle zwar nach der französischen Niederlage der Führer des Widerstandes gegen Hitler gewesen sei, daß Frankreich bis zu seinem eigenen Ausscheiden aus dem Krieg aber wenig getan habe, um seine Garantie für Polen effektiv werden zu lassen. Gleichzeitig fiel auf, daß in den Biographien de Gaulles, die ausführlich wiedergegeben wurden, seine Rolle als Instruktionsoffizier 1919 und 1920 bei der neu entstehenden polnischen Armee kaum erwähnt wurde. Schließlich hatte der Hauptmann de Gaulle damals nicht nur polnische Offiziere für den Kampf gegen die Rote Armee ausgebildet, sondern war bei der Verteidigung

Warschaus auch selbst in die Kampfhandlungen mit der Roten Armee hineingezogen worden, so daß er ausgezeichnet wurde und später in der «Revue de Paris» als Augenzeuge über das «Wunder an der Weichsel» berichten konnte, das – und da lag das Problem für die Polen des Jahres 1967 – mit dem Namen des polnischen Generals, späteren Marschalls Piłsudski verbunden war, einer Symbolgestalt für die Selbstbehauptung Polens nach Osten.

Diese Periode war im Leben de Gaulles, ebenso wie für die Polen, die er besuchte, zur Episode geworden – eine Episode, in der alle Anstrengungen der Stabilisierung der neuen, nach dem Ersten Weltkrieg geschaffenen Verhältnisse in Mittel- und Osteuropa galten, an deren Zustandekommen Frankreich maßgebend beteiligt gewesen war. Dabei war es darum gegangen, die Souveränität der neuen Staaten und ihr nationales Selbstbewußtsein zu stärken. Hier knüpfe de Gaulle nun wieder an, als er am ersten Tag seines Besuchs, beim Empfang im Palais Radziwill durch den Präsidenten des polnischen Staatsrats, die Polen dazu beglückwünschte, daß sie «immer deutlicher ihre nationale Persönlichkeit» betonten. «Ungeachtet der Schwierigkeiten, die die Verhältnisse des Augenblicks zwischen uns bilden», müßten «die Notwendigkeit wie die gleichzeitige Schwierigkeit, die nationale Substanz, den Einfluß auf die eigene Macht zu sichern, uns beide zur Annäherung und zur gegenseitigen Unterstützung veranlassen, ungeachtet des Gewichts der Weltkolosse».

Wie hier betonte er auch später noch in seinen Reden, daß Entspannung, Einvernehmen und Zusammenarbeit zwischen Ost und West dazu dienen müßten, für das «große Problem Deutschlands» eine Lösung zu finden. Und wie in Moskau so forderte er auch in Warschau dazu auf, dem französischen Beispiel zu folgen und die deutsche Entwicklung mit neuen und offenen Augen zu sehen.

Das war insbesondere ein Thema seiner Ansprache vor dem polnischen Parlament, wo er als sein Ziel proklamierte: «eine europäische Ordnung, die solidarisch von allen Ländern des

Kontinents garantiert wird». Auch hier sprach er sich deutlich für die Auflösung der Blöcke aus: «Die wirkliche Sicherheit eines jeden Staates auf unserem Kontinent wird nicht das Ergebnis der Politik der beiden Blöcke sein, die ihre Kräfte und Pakte einander entgegenstellen.»

Am Vortag in Danzig war er noch wesentlich weiter gegangen. Bei einem Toast nach dem Mittagessen hatte er gesagt:

«Sie sind dazu bestimmt, ein großes Land zu werden. Jetzt, wo alles Unglück und alle Grenzprobleme überwunden sind, müssen Sie weiter sehen . . . etwas größer vielleicht als Sie es bisher gezwungenermaßen nur tun konnten. Die Schwierigkeiten, die Ihnen heute noch unüberwindlich erscheinen, die werden Sie schon meistern. Sie verstehen alle, was ich sagen will . . .»

Er bekam die Antwort am nächsten Tag, als ihm Wladyslaw Gomulka, Generalsekretär der Kommunistischen Partei und zu dieser Zeit der starke Mann Polens, im Parlament auf seine Ansprache antwortete: «Das wiedererstandene Polen hat alle Schlußfolgerungen aus seinen geschichtlichen Erfahrungen gezogen. Die grundlegende Konsequenz ist die Annahme der Freundschaft und des Bündnisses mit seinem großen östlichen Nachbarn, der Sowjetunion. Dieses Bündnis, verbunden mit den Freundschafts- und Beistandspakten, die mit anderen sozialistischen Staaten Mitteleuropas geschlossen wurden, darunter mit unserem westlichen Nachbarn, der Deutschen Demokratischen Republik, bildet den Eckstein der Politik der Volksrepublik Polen und die wichtigste Garantie seiner Sicherheit.» Dann folgte einer der im Ostblock üblichen verbalen Ausfälle gegen «die Strategie der Macht, die von jenseits des Atlantik die internationalen Spannungen schürt» und ein Appell für einen «europäischen Pakt der Sicherheit mit zwei deutschen Staaten». Der Versuch de Gaulles, die verkrusteten Strukturen der beiden Machtblöcke in Europa aufzuweichen, war damit vorerst in Polen gescheitert.

Appell an Rumänien

Im nächsten Jahr versuchte er es in Rumänien, wo Partei- und Staatschef Ceaucescu schon lange Tendenzen zu einer gewissen Autonomie in seiner Außenpolitik gezeigt hatte, die de Gaulle 1964 ja auch konkret in der Person des rumänischen Ministerpräsidenten Maurer entgegengetreten waren. Inzwischen war die Entspannung zwischen den Weltmächten ebenfalls fortgeschritten, und die Verhältnisse im Ostblock hatten sich weiter gelockert. In der Tschechoslowakei rüttelte eine kommunistische Regierung mächtig an den ideologischen Tabus, das Land öffnete die Grenzen, seine Intellektuellen überraschten Europa mit unerwarteten Perspektiven. Alle Welt sprach von einem «Prager Frühling», und dafür zeigten sich Sympathien in einigen anderen sozialistischen Ländern, so auch – damals – in Rumänien.

In Frankreich selbst war die Unruhe ausgebrochen. Die Studenten rüttelten an gesellschaftlichen Tabus, besetzten die alte Sorbonne, setzten Autos in Brand, kämpften gestaffelt und mit Pflastersteinen – die sie auch ausrissen, um «unter dem Pflaster den Strand» zu entdecken – gegen die bewaffnete Polizei und hielten die Regierung in Atem. Es gab Sympathiekundgebungen zwischen den Boulevards von Paris und den Straßen von Prag; und in Paris gesellten sich schon aufmüpfige junge Arbeiter zu den protestierenden Studenten. Für die alte Kommunistische Partei Frankreichs stellte sich die Frage, ob sie dem Treiben zusehen oder ob sie an der Spitze wenigstens ihrer eigenen Anhängerschaft versuchen sollte, sich daran zu beteiligen. Kurz, am 14. Mai, als de Gaulle nach Bukarest aufbrach, war der Aufstand der Studenten schon ein ernstes Problem für die Regierung geworden. In den Demonstrationen tauchten bald Plakate auf: «10 Jahre sind genug». Solange war de Gaulle an der Macht.

Aber diese Rumänien-Reise war ihm wichtig. Vielleicht konnte er auch mit einem diesmal erfolgreichen außenpolitischen Vorstoß in das unbekannte Neuland «zwischen Atlantik und Ural» wieder neue Faszination für seine Politik und neue Glaubwürdigkeit zu Hause finden. Als er von seiner um einige Stunden verkürzten Rumänien-Reise am 18. August zurückkehrte, war Frankreich schon vom Streikfieber erfaßt, das auch die Flughäfen erreicht hatte; er selbst mußte auf einem Militärflugplatz landen, ein Teil der Begleitung mußte vor der Grenze in Basel auf Autos umsteigen.

Scheinbar ungerührt von der häuslichen Entwicklung ging er in Rumänien seiner weltpolitischen Vision nach. Schon am ersten Abend schlug er in seinem Trinkspruch einen offensiven Ton an: Dieser Besuch, so meinte er, könne «nicht nur für unsere beiden Völker, sondern für die Entwicklung Europas, ja unserer Welt ein entscheidendes Ereignis werden.»

Nachdem er an den «sehr wichtigen Besuch von Ministerpräsident Maurer» 1964 in Paris erinnert hatte, erklärte er, daß sich beide Völker, Franzosen und Rumänen, «eine gleiche Vorstellung gebildet haben vom Recht aller Völker, und zunächst unserer eigenen, frei über sich zu entscheiden und von dem Prinzip, daß auf der Unabhängigkeit, der Eigenpersönlichkeit, der Würde jeder Nation das Gleichgewicht Europas aufgebaut sein muß. Und schließlich auch von der wesentlichen Rolle, die, auf diesen Grundlagen aufbauend, unser Kontinent im Schicksal der Welt zu spielen berufen ist.»

Heute erscheine allen Völkern, die zwischen Atlantik und Ural leben, die Spaltung des Kontinents «von Tag zu Tag kostspieliger und ungerechter ... Wie kann man zulassen, daß für Länder, die über unser Wissen und unsere Erfahrung verfügen, noch länger ein Zustand andauert, in dem viele von ihnen, auf zwei gegensätzliche Blöcke verteilt, sich einer fremden politischen, wirtschaftlichen und militärischen Führung beugen und die ständige Anwesenheit fremder Truppen auf ihrem Gebiet erdulden müssen?»

«Bei uns wie bei Ihnen geht man davon aus, daß der Kalte Krieg, der auf die Teilung in Jalta folgte, nur eine künstliche, sterile und vielleicht einmal tödliche Trennung zur Folge haben kann – und daß dies der Natur Europas zuwider läuft, die durch die Jahrhunderte hindurch nach Vereinigung strebte ... Folglich gibt es für uns keine Harmonie und keine Ideologie, die den Vergleich mit den Wohltaten der Entspannung und der Zusammenarbeit aller Teile Europas aufwiegen.»

Als er am nächsten Tag vor der «Großen Nationalversammlung» in Bukarest sprach, fügte er diesem Appell noch einige Glaubens-Artikel aus seiner Weltsicht hinzu: «Wir wollen Herren im eigenen Haus sein, denn wir glauben ..., daß es die Nationen sind, jede mit ihrer eigenen Seele und ihrem eigenen Leib, die letzten Endes die unzerstörbaren Triebkräfte der Welt bilden» ... «Wie soll das bedrohliche und sterile System der zwei Blöcke von unserm Kontinent verschwinden, wenn nicht die Völker im Westen, in der Mitte und im Osten Europas die Entspannung, das Einvernehmen und die Zusammenarbeit praktizieren?» Dann wies er auf den zwei Jahre zuvor erfolgten Austritt Frankreichs aus der integrierten Militärorganisation des Atlantischen Bündnisses, der NATO, hin: «Frankreich hat es schon vorgemacht. Es setzt sich ab, gewiß nicht von seinen westlichen Freundschaften, wohl aber von jeder atlantischen (gemeint war: amerikanischen) Unterordnung, ob sie politische, militärische oder monetäre Formen hat!»

Die ständige Mahnung, Frankreich und Rumänien müßten gemeinsam solche Wege gehen, war nichts weniger als die versteckte Aufforderung: Folgt, soweit Ihr könnt, unserem Beispiel. Und er führte seine Argumentation in der gleichen Richtung weiter, wenn er ins Weltanschauliche vorstieß: «Die Zivilisation der Maschinen, wenn sie auch der Welt ungeheure Möglichkeiten der Selbstbefreiung und des Wohlstandes bringt, enthält auch alle Mittel der Unterdrückung und Zerstörung.» Niemals waren die Amerikaner und Russen direkt genannt. Aber er konnte damit rechnen, daß seine Zuhörer ihn so verstanden, als seien sie gemeint.

Das Echo, das er bekam und das in den Verhältnissen Rumäniens nur von Ceaucescu selbst kommen oder von ihm inspiriert sein konnte, war vorsichtig, drückte sich noch mehr in Anspielungen aus, und als de Gaulle schließlich am letzten Tag in einer Rundfunk- und Fernsehansprache an die Rumänen auch ein empfindliches nationales Thema berührte, nämlich die Inbesitznahme Bessarabiens durch die Sowjetunion im Jahre 1944 und seine Umwandlung in eine «Moldauische Republik», da ließ Ceaucescu diesen Satz aus der Wiedergabe in der rumänischen Presse streichen. Auch hier wurde de Gaulle bewußt, daß seine Politik der Aufweichung der Blöcke an Grenzen stieß.

Panzer und Breschnew-Doktrin in Prag

Wenige Monate später, am 21. August 1968, wurde seiner Politik dann ein stärkerer Riegel vorgeschoben. Mit dem Einmarsch der Truppen des Warschauer Paktes in die Tschechoslowakei, dem Ende des «Prager Frühlings», war der Ostblock fürs erste wieder machtpolitisch und ideologisch zusammengeschweißt. Die Breschnew-Doktrin, die nun galt, gab der Sowjetunion das Recht, sich in die häuslichen Verhältnisse jedes Paktstaats einzumischen und gegen politische und ideologische Abweichler mit der bewaffneten Macht vorzugehen.

General de Gaulle nahm die neue Entwicklung betroffen aber nicht resigniert als einen der «Wechselfälle» des Lebens und einen Umweg der Geschichte zur Kenntnis, überzeugt, daß dieselbe Geschichte eines Tages die Fäden, die er zu knüpfen versuchte, wieder aufnehmen würde. Er selbst verlor im April 1969, wohl noch als Folge des Autoritätsverlustes, den er im Mai 1968 erlitten hatte, die Mehrheit bei einer Volksabstimmung in Verwaltungsfragen und trat zurück. Im September 1968 hatte er, beraten von seinem damaligen Außenminister Michel Debré, gegenüber dem Bundeskanzler Kurt Georg Kiesinger versucht, einen Teil der Schuld am Scheitern des Prager Frühlings auch der Bundesrepublik zu geben. Sie habe mit wirtschaftlichen Angeboten an das Prager Regime nicht

Entspannungspolitik, sondern nationale Politik zu machen versucht. Aber das ging nicht weit.

9. «Die Franzosen wollen mit Träumen regiert werden ...» – andere Völker auch?

In dem Bild, das die politische Landschaft zwischen Atlantik und Ural in der Vorstellung de Gaulles bekommen sollte, fehlen jetzt noch zwei wichtige Faktoren: die Rolle der Franzosen und der Deutschen. Den Deutschen kam, das haben wir gesehen, insofern eine Schlüsselrolle zu, als sie im Zentrum der Ost-West-Spannungen lagen, mit einem Teil ihres Volkes jedem der beiden Blöcke zugehörig, die als integrierte Paktsysteme schließlich verschwinden sollten. Das setzte aber ein neues Gleichgewicht voraus, und dieses Gleichgewicht konnte kaum anders als bei gleichzeitiger Lösung des deutschen Problems gefunden werden. Es sollte eine Lösung sein, an der ganz Europa mitwirkte, die aber auch – allein wegen der internationalen Verträge, insbesondere des Potsdamer Abkommens der Siegermächte vom Mai 1945 – nicht ohne die USA denkbar war.

De Gaulle wies nachdrücklich darauf hin, als er im Juni 1966 der Kremlführung gegenübersaß. Breschnew hatte die Möglichkeit europäischer Abmachungen ohne die USA aufgeworfen. De Gaulle wich der Frage aus, benutzte sie aber, um auf die unbestreitbare amerikanische Zuständigkeit für einen deutschen Friedensvertrag hinzuweisen. Da die Amerikaner mit diesem Vertrag auch eine Verantwortung für seine Durchführung behielten, blieben sie Europa zumindest als Garantiemacht erhalten, und in dieser Rolle wollte de Gaulle sie auch gerne sehen. Er ging immer davon aus, daß ihr Interesse an Europa es ihnen verbieten würde, dem Kontinent den Rücken zu kehren und war darum auch überzeugt, daß man ihnen eine geringere Rolle als diejenige, die ihnen nach dem Zweiten Weltkrieg zugefallen war, zuweisen könne. Als Rahmen wollte er den Atlantikpakt unbedingt erhalten.

Wir haben gesehen, daß er seine (West-)Europäische Union als politische Vereinigung souveräner Staaten mit militärischen Zuständigkeiten ausgestattet sehen wollte; auch der deutsch-französische Vertrag enthielt ja die Absprache einer engen militärischen Zusammenarbeit bis hin zu einer gemeinsamen Strategie.

Die «unabhängige Verteidigung»

Hier begannen schnell die Widersprüche, die dann auch bald schon der angestrebten engen deutsch-französischen Zusammenarbeit im Weg standen. Natürlich war für Frankreich politisch wie militärisch eine führende Rolle in der ganzen Konzeption vorgesehen. Militärisch war es die einzige Nuklearmacht auf dem westeuropäischen Kontinent. Es würde lange Zeit eine nur kleine Nuklearmacht bleiben, die den Schutz der amerikanischen – deren Garantie er bezweifelte – theoretisch nie ersetzen konnte. Aber er rechnete ja in langen Zeiträumen und schloß nie aus, daß Frankreich eines Tages auch eine Abschreckungs-Garantie für europäische Partner, insbesondere für die Bundesrepublik, mitübernehmen könne. Aber für eine solche Garantie war die Zeit in keiner Weise reif. Er wies immer nur darauf hin, daß kein Staatsmann die nukleare Verantwortung mit einem anderen teilen könne. Das war – neben anderen Motiven nationaler Souveränität – eines der Argumente, mit denen er die Mitgliedschaft in der integrierten Militärorganisation der NATO im März 1966 aufkündigte. Nun hatte Frankreich, so betonte er, «die Hände frei». Aber es blieb zur Solidarität mit seinen Verbündeten bereit – sobald im Ernstfall der Staatspräsident es befehlen sollte.

Daraus wurde im Laufe der Zeit und unter den Nachfolgern eine Doktrin, die – uneingestanden, aber unwiderleglich –

davon ausging, daß Frankreich eine Rolle im zweiten Glied der westlichen Verteidigung habe, darum Zeit, die ersten Zusammenstöße bei einer militärischen Verwicklung abzuwarten und gegebenenfalls einem Gegner, der sich seinen Grenzen nähere, durch einen atomaren Warnschuß klarzumachen: Bis hierher und nicht weiter! Der zweite Akt konnte dann für Frankreich durchaus auch die militärische Neutralität im Schutze einer «nuklearen Maginotlinie» sein. Diese Theorie ist nicht neu, sie ist von französischen Militärschriftstellern bestätigt beziehungsweise kritisiert worden. Sie hat jeder ernsthaften Annäherung strategischer Vorstellungen zwischen Frankreich und seinen Verbündeten bisher im Weg gestanden.

Es bleibt festzuhalten: Militärische Fragen und damit auch die französische Abschreckungs-Kapazität gehörten zur gaullistischen Konzeption eines Europa vom Atlantik zum Ural. Sie gehörten aber auch zu den Instrumenten, mit denen General de Gaulle den Franzosen ein neues Selbstbewußtsein und Frankreich eine größere Unabhängigkeit geben wollte. Die Stärkung der nationalen Souveränität und des nationalen Selbstbewußtseins war nicht nur ein Rezept, das er den osteuropäischen Völkern empfahl. Beide Elemente gehörten auch zu der Kur, die er Frankreich verordnet hatte, weil er so die politische Dekadenz und den Defätismus, die Frankreich in die Niederlage von 1940 hineingeführt hatten, an der Wurzel bekämpfen wollte. Frankreich sollte vor große Aufgaben gestellt und sich seiner besonderen zivilisatorischen Mission wieder bewußt werden. Das verlangte einen ständigen moralischen Appell und eine sorgfältige psychologische Behandlung. Wer anders als die legendäre Figur des General de Gaulle, die die Geschichte aus ihm gemacht hatte, sollte die Franzosen diesen Weg führen?

Napoleon I. wird das Wort zugeschrieben: «Die Franzosen wollen mit Träumen regiert werden.» Charles de Gaulle hat es oft nicht anders gehalten. Und er beherzigte diese Erfahrung schon früh und bewußt.

Träume – oder moralische Erneuerung?

Schon als er 1932 sein kleines Buch über militärisches (und politisches) Führertum schrieb, betonte er mit leidenschaftlichen Worten die Notwendigkeit, «daß das Unternehmen des Führers das Kennzeichen der Größe trägt. Denn es handelt sich darum, einem dunklen Trieb der Menschen entgegenzukommen, die im Gefühl der eigenen Gebrechlichkeit einem großen Ziel zu dienen verlangen. Begrenzt in ihrer Natur, aber voll unendlicher Träume, die zu erreichen ihnen allein nicht gegeben ist, sind sie zur Gemeinschaftstat bereit, sofern diese etwas Großes anstrebt».[15] In den verschiedensten Wendungen hat er in späteren Reden und Schriften immer wieder betont, daß gerade das französische Volk zu großen Taten aufgerufen werden wolle. Das alte «gesta dei per francos» steht bei ihm nicht nur und immer wieder zwischen den Zeilen, es wird gelegentlich wörtlich daran erinnert. Und als er gegen Ende des Zweiten Weltkriegs mit Roosevelt um den Platz Frankreichs in der Welt und in Europa rang, da beschwor er ihn in der Person seines Sondergesandten Harry Hopkins: «Wenn die Franzosen – die vor dem Kriege, so sagte er, der Dekadenz verfallen waren und darum in die Niederlage hineinglitten – nun wollen, daß der Sieg die Rückkehr Frankreichs zu seinem Rang als Großmacht besiegelt, dann wollen sie es darum, weil sie fühlen, daß ihre Ruhe und innere Entfaltung nur zu diesem Preis zu haben sind. Die Vereinigten Staaten haben auch in der Vergangenheit nie verstehen wollen, daß das Schicksal Frankreichs eng mit seiner Berufung zur Größe verknüpft ist.»

Als er zehn Jahre später, ein politischer Eremit, in seinem Landhaus in Colombey-les-deux-Eglises an seinen Memoiren schrieb und die Unfähigkeit der IV. Republik beklagte, sagte er einem anderen Amerikaner, Cyrus L. Sulzberger, dem Korrespondenten der «New York Times»: das einzige Heilmittel für Frankreich ist die «grandeur».[16]

Er selbst zog eine Nutzanwendung aus dieser politischen Lebensregel, als er seinen Plan zur Zerstückelung Deutschlands, der Abtrennung des linken Rheinufers, der Internationalisierung der Ruhr, für den er keinerlei Unterstützung fand, über jede vernünftige Erwartung hinaus verfolgte. Darüber haben wir ein unverdächtiges Zeugnis aus der Feder seines Privatsekretärs der Jahre 1944/46, des Schriftstellers Claude Mauriac, der ihn im Februar 1947, ein Jahr nach seinem Rücktritt von der Regierung, fragte, ob er denn, wäre er an der Regierung geblieben, vieles anders hätte machen können als seine verachteten Nachfolger. Er antwortete, indem er wieder einmal von sich in der dritten Person sprach: «Natürlich hätte de Gaulle es nicht besser machen können. Nur, ich unterhielt die Franzosen mit Fahnen. Ich unterhielt sie mit dem Rhein (Je les amusais avec le Rhin). Kurz, ich ließ sie ihr Elend vergessen und sie faßten sich in Geduld.»

Begegnet einem in diesen Maximen und Bekenntnissen nicht der Wille, Frankreich «mit Träumen zu regieren»? In seiner Sicht waren es keine unerfüllbaren Träume. Es waren Visionen, für deren Realisierung er Kräfte wecken wollte. Als er im November 1959 seiner Armee eröffnete, daß er die Vorbereitungen traf, um sie aus der NATO-Integration herauszulösen und, gestützt auf eine eigene Atomwaffe, eine unabhängige Verteidigung aufzubauen, hatte es noch nicht einen einzigen französischen Atomversuch gegeben. Der erste erfolgte vier Monate später. Und doch, wie zukunftssicher sind seine Worte: «Frankreichs Verteidigung muß französisch sein. Soll eine Nation wie die französische in den Krieg, dann muß es ihr Krieg sein. Zweifellos läßt sich gegebenenfalls die Verteidigung Frankreichs mit der anderer Nationen verbinden. Aber auch dann muß sie die unsere sein, muß sich Frankreich aus sich selbst, für sich selbst und auf seine Weise verteidigen.» Die militärische Führung könne nur dann Autorität, Würde und Ansehen genießen, wenn sie selber auf dem Schlachtfeld für das Schicksal des Landes einstehe. «Was heißt das? Das heißt, das von der freien Welt bisher praktizierte und ‹Integration› genannte System geht für Frankreich zu Ende ... Daraus folgt, daß wir uns in den nächsten Jahren eine Streitmacht – man nennt sie ‹force de frappe› – zulegen müssen, die für unsere Rechnung handeln kann, jederzeit und überall. Der Kern dieser Streitmacht ist selbstredend eine atomare Rüstung.» – Was jetzt oder später nicht gesagt wurde: Diese Konzeption und diese Rüstung konnten verwirklicht werden im Schutz eines deutsch-amerikanischen Sperr-Riegels, durch den Frankreich zum Vorteil der Rolle des «zweiten Gliedes» kam.

Man spürt, die neue Waffe sollte nicht nur mithelfen, Frankreich zu verteidigen; es war in mehrfacher Hinsicht eine politische Waffe. Sie sollte vor allem der Armee und der Nation ein stärkeres Selbstbewußtsein geben. Für die moralische Kraft der Armee brauchte er sie besonders dringend. Er sagte es im Frühjahr 1960, bald nach der ersten französischen Atom-Explosion in der Sahara, dem US-Präsidenten, seinem alten Waffengefährten General Eisenhower: Wenn er eines möglichst baldigen Tages die französische Armee aus Algerien abziehe, dann müsse er ihr den Glauben an eine neue Mission geben, sonst habe er «nicht eine organisierte Armee in der Hand, sondern eine Truppe von 600000 Unzufriedenen». Und er fügte sogar hinzu, nur so «könne die französische Demokratie überleben.»[17]

Die politische und militärische Rolle der Atomwaffe

Es geht also nicht um irgendein Element der Rüstung, es geht um *das* Element, in dem die Nation sowohl das Symbol wie den Zwang zu einer «unabhängigen Verteidigung» sehen sollte, die er ihr als sein wichtigstes Erbe hinterließ und um das sich tatsächlich bis heute der militärische Konsens und die Übereinstimmung im Sicherheitsdenken der Franzosen gebildet haben. Als sich alle Welt fragte, wer wohl das Erbe de Gaulles antreten könne, schrieb Raymond Aron: «De Gaulle hat keinen Dauphin. Er hat eine Dauphine – die Bombe.» Das ist bis heute richtig. Und bis heute ist auch der Widerspruch nicht aufgelöst, der zwischen der oft berufenen europäischen Rolle dieser Armee und ihrer obersten Maxime «Freie Hand für Frankreich» besteht.

Die Einstellung de Gaulles zu militärischen Fragen, auch zur Atomwaffe, war natürlich durch Erfahrungen geprägt, insbesondere durch die Niederlage Frankreichs von 1940 und durch die Teilnahme der «Freien Franzosen» am Krieg der angelsächsischen Mächte und später, ab September 1944, durch die Beteiligung des befreiten Frankreich an der letzten Kriegsphase. Immer hatte de Gaulle darunter gelitten, daß die französische Rüstung nicht modern genug war oder daß sie vom Willen der großen Verbündeten abhing. Seit dieser Zeit wollte er nie wieder materiell und technisch unterlegen und nie wieder abhängig sein. Dazu kam nun noch die Überzeugung, daß man sich in Europa umsonst von der amerikanischen Garantie abhängig mache; sie habe im Zeitalter der Interkontinental-Raketen mit Atomsprengköpfen nur einen sehr begrenzten Wert. Die USA würden für europäische Interessen nicht ihre Existenz aufs Spiel setzen.

All dies wurde verstärkt durch ein Schlüsselerlebnis, das er bald nach Beginn seiner neuen Amtszeit im Sommer 1958 hatte. Er ließ sich eines Tages, umgeben von hohen Offizieren seiner Streitkräfte, durch den NATO-Oberbefehlshaber in Europa, General Lauris Norstad, einen – nach Ansicht von Teilnehmern brillanten – Vortrag über die Aufmarschpläne der NATO und die Rolle der französischen Streitkräfte halten und fragte zum Schluß nach der Disposition amerikanischer Atomwaffen auf dem Gebiet Frankreichs. Norstad bat, darauf nur unter vier Augen antworten zu dürfen und sagte, als sie allein waren, zu de Gaulle, er dürfe diese Frage überhaupt nicht beantworten und bäte dafür um Verständnis. Antwort de Gaulles: «Merken Sie sich, Herr General, daß Sie oder einer Ihrer Nachfolger nie wieder in die Lage kommen werden, einem französischen Regierungschef eine solche Antwort zu geben.»

Als er Anfang der sechziger Jahre von Adenauer und anderen NATO-Partnern, auch von Mitgliedern seiner Regierung, gedrängt wurde, sich um einen Gemeinschaftsbesitz amerikanischer Atomwaffen zu bemühen, oder als die USA ihm 1962 solche Waffen anboten (die allerdings der letzten Entscheidung eines US-Präsidenten unterworfen geblieben wären), ging er auf solche Überlegungen nicht einen Augenblick ein. Sobald er den Besitz eigener Atomwaffen ins Auge fassen konnte, hielt er sich an folgende Grundsätze:

1. Gegenüber einem Gegner, der ebenfalls atomar bewaffnet ist, muß keine zahlenmäßige Gleichheit herrschen. Falls er mit Atomwaffen drohen sollte, genügt es, daß man ihn mit Zerstörungen im eigenen Land bedrohen kann, die in keinem Verhältnis zu dem militärischen Erfolg stehen, den er sich von einem Atomkrieg verspricht.

2. Die Abschreckung beruht mehr auf der Glaubwürdigkeit und der Entschlußkraft desjenigen, der Atomwaffen einsetzen kann als auf der Zahl der Sprengköpfe, über die er verfügt.

3. Die nukleare Verantwortung ist unteilbar; nur ein vom Volk gewählter Staats- oder Regierungschef kann sie ausüben. Man kann im äußersten Fall die Existenz der eigenen Nation dann aufs Spiel setzen, wenn es um Lebensinteressen geht.

In diesem Sinne stimmte er einmal bei einer Stabsübung dem Einsatz der taktischen Atomwaffe zu, nachdem der angenommene Gegner den Rhein überschritten hatte, und löste damit eine spürbare Erregung bei seinen Zuhörern aus.

Er bekräftigte seine Entscheidung mit folgenden Worten: «Wenn's nötig ist, setzen wir die nukleare Sprengkraft auf unserm eigenen Gebiet ein, um den Feind zu vernichten. Der Krieg ist nun mal so. Sie werden mir sagen, es sei aber eine schwere moralische Verantwortung, die man da auf sich nehme. Nun, lassen Sie sich sagen, daß ich (und dabei schlug er sich an die Brust) diese Verantwortung auf mich nehme.»[18] Er blieb damit seiner eigenen Logik treu: Gerade die Entschlossenheit zum Äußersten werde dieses Äußerste abwenden. Er wies darum auch die NATO-Taktik der «flexible response», die Atomwaffen bei ungünstigem Verlauf von Kampfhandlungen vorsieht, zurück. Jede Kriegshandlung in Europa müsse sofort der Drohung der massiven Vergeltung begegnen. Nur so entgehe Europa der Gefahr des Atomkriegs.

10. Das Werben um die Deutschen. Ihr Bild und ihre Rolle

In der großen Vision eines «vom Atlantik zum Ural» befriedeten Europa mußten die Deutschen ihren Platz finden. Wie sollte er aussehen, wenn sie eine besondere aktive Rolle in enger Verbindung mit Frankreich übernehmen sollten? Und wie konnte man an ihrer nationalen Frage vorbeigehen, wenn man alle anderen Völker Europas zu mehr nationalem Selbstbewußtsein aufrief? Man mußte ihnen eine Hoffnung auf Wiedervereinigung bieten. Dazu hatte sich de Gaulle, wie wir sahen, schon im März 1959 bekannt: «Die Wiedervereinigung der beiden getrennten Teile zu einem einzigen Deutschland, das völlig frei sein würde, scheint uns das normale Schicksal des deutschen Volkes zu sein, vorausgesetzt ...» Er knüpfte es an zwei Voraussetzungen: Anerkennung der Oder-Neiße-Grenze und Verzicht auf Atomwaffen-Besitz. Diese kurze Formel blieb für ihn bestimmend. Und die Frage der Wiedervereinigung mußte von dem zwischen Atlantik und Ural ausgesöhnten Europa, unter Beteiligung auch der USA, gemeinschaftlich gelöst werden. Die langen Fristen, die dafür anzusetzen waren, verlangten von den Deutschen viel Geduld. Sie würden sie um so leichter aufbringen, wenn man ihnen die Vision einer leuchtenden Zukunft gab und an die Vergangenheit nur erinnerte, um die versöhnlichen Seiten hervorzukehren und den schlimmen Rest für überwunden oder überwindbar zu erklären.

Dazu diente schon im Juli 1962 das Programm des offiziellen Besuchs in Frankreich, zu dem er Bundeskanzler Adenauer einlud. Es war eine Reise voller freundschaftlicher Gesten, die nicht nur dem Mann, sondern auch seinem Volk galten: den Abschluß bildete die gemeinsame Parade einer deutschen und einer französischen Panzereinheit auf dem einst umkämpften Boden der Champagne und dann ein gemeinsamer Gottesdienst in der Kathedrale von Reims, der alten Krönungsstätte französischer Könige. Nebeneinander knieten «der alte Franzose und der uralte Deutsche» (Zitat de Gaulle); das Bild der Versöhnung ging um die Welt.

Als General de Gaulle im September 1962 den Besuch in der Bundesrepublik erwiderte, erlebte man einen Triumphzug. Die Neugier, Freude und Faszination, mit der dieser legendäre Repräsentant Frankreichs erwartet wurde, hatte sich noch gesteigert, als er schon am ersten Tag auf dem Bonner Marktplatz die dichtgedrängte Menge in ungewohnter Weise ansprach. Er hatte diese Ansprache und die meisten, die folgten, auf deutsch einstudiert, vor einem Mitarbeiter mit germanistischer Bildung hatte er Aussprache und Tonfall geübt, und nun hörte man: «Wenn ich Sie so um mich versammelt sehe, wenn ich Ihre Kundgebungen höre, empfinde ich noch stärker die Würdigung und das Vertrauen, die ich für Ihr großes Volk, jawohl, für das große deutsche Volk hege.»

Seit vielen Jahren hatten die Deutschen nicht mehr gehört, daß sie ein großes Volk seien, und nun kam ein Held des Widerstandes gegen Hitler, um es ihnen zu sagen. Die Herzen flogen ihm zu.

An den folgenden Tagen variierte er sein Thema. In der Belegschaft der August-Thyssen-Hütte in Duisburg begrüßte er – wieder auf deutsch – «das ganze schaffende deutsche Volk». Er sah «mit Freude die ausgezeichnete Organisation, die modernen Anlagen und die blühende Technik des Unternehmens, dem Sie angehören». Im Schloßhof von Ludwigsburg begrüßte er mehr als tausend deutsche Jugendliche und beglückwünschte sie, «junge Deutsche zu sein, Kinder eines großen Volkes, jawohl, eines großen Volkes, das manchmal im Lauf seiner Geschichte große Fehler begangen und verwerfliches Unglück verursacht hat, ein Volk, das aber auch der Welt fruchtbare geistige, wissenschaftliche, künstlerische Strömungen geschenkt und sie mit unzähligen Ergebnissen seiner Erfindungskraft, seiner Technik und seiner Arbeit bereicherte.»

In Hamburg wandte er sich auf französisch an die Führungsakademie der Bundeswehr mit einer Rede, die auf der Höhe der Gedanken über die geistigen Grundlagen des Soldatenberufs war. Er zitierte, diesmal auf deutsch, Carl Zuckmayer: «War es gestern unsere Pflicht, Feinde zu sein, so ist es heute unser Recht, Brüder zu werden.» Er lenkte den Blick «der guten Offiziere, die Sie sind» auf die «modernen Erfordernisse der militärischen Rüstung und der Kriegskunst» und meinte: «Deutschland und Frankreich können sich dieser Machtmittel um so eher vergewissern, wenn sie ihre Möglichkeiten vereinen.» Träumer entnahmen daraus das Angebot gemeinsamen Atomwaffenbesitzes. Wer wußte damals schon, daß eine seiner ersten Amtshandlungen, als er im Juni 1958 die Regierung übernommen hatte, darin bestand, die Verbindungen der französischen Atomtechnik und -politik zur Bundesrepublik wie zu Israel abzuschneiden.

Der deutsch-französische Vertrag ...

Während dieses umjubelten Staatsbesuchs im September 1962 nahm der Gedanke eines deutsch-französischen Vertrags, der dann im Januar 1963 abgeschlossen wurde, konkrete Formen an. Dieser Vertrag muß im Zusammenhang mit der deutsch-französischen Nachkriegsentwicklung und ebenso mit der Entwicklung des Deutschlandbildes bei de Gaulle gesehen werden.

Die deutsch-französischen Nachkriegsbeziehungen, soweit sie positiv verliefen, hatten sich abseits von de Gaulle, ja zum Teil gegen ihn entwickelt. Dabei war er allerdings keineswegs ein Gegner der deutsch-französischen Aussöhnung. Er wollte aber, daß sich die Beziehungen auf der Grundlage eines eindeutigen Machtgefälles zugunsten Frankreichs entwickelten. Als diese Phase der revanchistischen Deutschlandpolitik,die er 1944/45 eingeleitet hatte, spätestens mit der Gründung der Bundesrepublik zu Ende ging und als Außenminister Robert Schuman mit dem Vorschlag einer Europäischen Kohle-Stahl-Union die Europa-Politik begann, bekämpfte er die europäischen Überlegungen, Vorschläge und Verträge, weil er ein entschiedener Gegner der Integration war. Gegen den Vertrag über die Gründung einer integrierten Europa-Armee, der 1952 geschlossen wurde, mobilisierte er weite Teile der öffentlichen Meinung. Europa sollte aus einem Bündnis selbständiger Staaten entstehen, und ein deutsch-französischer Vertrag sollte den Eckpfeiler bilden.

Sein politisches Weltbild war tief in der Vorstellung von einer Art Schöpfungsgeschichte der Nationen verwurzelt. Darin blieb er der Zeit, aus der er stammte, sein Leben lang verhaftet. Es war die Zeit, in der das Wort von der deutsch-französischen «Erbfeindschaft» entstand. Dieser Begriff kommt wohl in seinem Sprachschatz, auch in seinen frühen Schriften, nicht vor, doch lebte auch er in der Vorstellung eines unausweichlichen Gegensatzes, der weder der Tragik noch der Faszination entbehrte.

... und das Deutschlandbild de Gaulles

Die Faszination hat ihn sein Leben lang nicht verlassen. «Deutschland ist für ihn der zentrale Gedanke, das beherrschende Thema», notiert sein Biograph Jean Lacouture, der in drei Bänden den facettenreichen Horizont dieses Lebens abschreitet. «Es ist für ihn soviel wie Molière für einen Schauspieler der Comédie Française oder das Himalaja-Massiv für einen Bergsteiger.»[19]

Der Keim für eine solche Einstellung war natürlich in früher Jugend gelegt worden. Gemeinsam mit der Mehrheit seiner Saint-Cyr-Kameraden hatte er Deutsch als die «Sprache des Feindes» gelernt. Aber er sah sich das Feindbild viel sorgfältiger an und hatte dazu auch Gelegenheit, als er 1915 nach Verwundung und Gefangennahme bei Verdun in deutsche Kriegsgefangenschaft geriet und dann bis 1918 in mehreren deutschen Kriegsgefangenenlagern – meist alten Festungen, da Offizierslager – Sprache und Kenntnisse vervollkommnete. Er brauchte das auch, um so gut wie möglich für seine vier Ausbruchsversuche gerüstet zu sein. Im letzten Lager, dem Fort IX bei Ingolstadt, wo besonders unruhige und aufrührerische Offiziere aus mehreren Nationen festgehalten wurden, darunter auch der spätere, von Stalin ermordete Sowjet-Marschall Tuchatschewski, hielt er seinen Kameraden Vorträge über die Kriegslage, die er aus erreichbaren deutschen Zeitungen rekonstruierte.

Hier entwarf er auch die ersten Kapitel seines Buches über «die Zwietracht beim Feinde»,[20] das als frühe Grundlage seines Gedankengebäudes gilt. Es geht dabei um die unklaren Kompetenzen zwischen politischer und militärischer Kriegsführung, aber auch um einige dem deutschen Charakter anzulastenden Schwächen und Fehler, die zur deutschen Niederlage von 1918 führten. Das Vorwort beginnt mit folgendem Satz:

«Die deutsche Niederlage sollte die französische öffentliche Meinung nicht daran hindern, unseren Feinden die Achtung zu zollen, die sie wegen der Energie ihrer Führung und der Anstrengungen der Ausführenden verdienen. Das ungewöhnliche Maß soldatischer Qualitäten, das sie von einem Ende zum andern des großen Dramas an den Tag legten, läßt um so besser die Fehler erkennen, die sie begingen.» Es schreibt seine Erkenntnisse auf, um die Franzosen zu Augenmaß anzuhalten und vor Übermaß und Übermut im Sieg zu warnen.

Was er vor allem der deutschen militärischen Führung, «ungewöhnlichen Männern», insbesonders Ludendorff, vorwirft, ist: «eine charakteristische Neigung zu maßlosen Unternehmungen, die Leidenschaft, um jeden Preis ihre persönliche Macht auszudehnen, die Mißachtung der Grenzen, die durch menschliche Erfahrungen ebenso gesetzt sind wie durch den gesunden Menschenverstand und das Gesetz.» Und dann folgt ein für ihn und seine Maßstäbe typisches Urteil: «Vielleicht findet man in ihrem Vorgehen eine Ausprägung der Theorien Nietzsches von der Elite und den Übermenschen ... so wie ihn Zarathustra sah, mit seinen ungewöhnlichen Anlagen, seinem Machtwillen, seiner Bereitschaft zu jedem Risiko, seiner Menschenverachtung erschien er diesen leidenschaftlichen Ehrgeizlingen als das Ideal, das sie erreichen mußten. Sie entschieden sich um so leichter, ein Teil dieser Nietzscheschen Elite zu bilden als sie bei ihrem Streben nach eigenem Ruhm überzeugt blieben, dem allgemeinen Interesse zu dienen.» Das schreibt ein Nietzscheaner, der den Einfluß des deutschen Philosophen auf sein eigenes Denken nie verleugnete und auch nicht verleugnen kann.

Als er 1946 die Regierung niedergelegt und sich nach Colombey-les-deux-Eglises zurückgezogen hatte, «las er noch einmal den ganzen Nietzsche oder doch Teile davon»,[21] und in den ersten Jahren sahen die Besucher auf seinem Arbeitstisch eine kleine Tafel mit einem Nietzsche-Zitat auf deutsch: «Alles ist leer, alles ist gleich, alles war». – Also sprach Zarathustra. Auch sein diplomatischer Mitarbeiter während der sechziger Jahre, Pierre Maillard, der jetzt eine Arbeit über «De Gaulle et L'Allemagne»[22] veröffentlichte, unterstreicht die Bedeutung Nietzsches für die Entwicklung der Persönlichkeit de Gaulles.

Wie könnte man diesen Einfluß und gleichzeitig die Beschäftigung mit einer gewissen, von Nietzsche beeinflußten Schule konservativen deutschen Denkens auf de Gaulle übersehen, wenn man nach seinem schon genannten Buch über militärische Führung («Le fil de l'épée», 1932) das zweite liest, mit dem er für den Gedanken einer Berufsarmee warb («Vers l'armée de métier», 1934).[23] Es ist ein Plädoyer für eine Panzertruppe, aber vor allem auch für eine Elite von Berufssoldaten, einer Prätorianergarde des technischen Zeitalters, die auch «die geistige und moralische Aufgabe der Armee in der Gesellschaft» wahrnehmen sollte. Er empfahl als Ergänzung zur allgemeinen Wehrpflicht eine Truppe von 100000 Mann («wie die Reichswehr», fügte er hinzu) und widmete lange Passagen den mönchischen und sportlichen Idealen, die ihre Ausbildung leiten sollten. «Des Maîtres», also «Meister» oder «Herren», «Herrenmenschen» sagten andere, sollten diese Soldaten führen, und von ihrem Befehlshaber verlangte er folgende Eigenschaften: «Ein Herr ..., der unabhängig ist in seinem Urteil, unwiderleglich in seinen Befehlen, glaubwürdig für die öffentliche Meinung, nur dem Staat und seiner Aufgabe verpflichtet, frei von Vorurteilen, voller Verachtung gegenüber jeder Kumpanei ... stark genug, um sich durchzusetzen, geschickt genug, um zu betören, groß für ein großes Werk». Schrieb der Major schon dem späteren General de Gaulle eine Huldigung?

Auch seine Biographen (insbesondere Lacouture) ziehen eine Verbindung von solchen Vorstellungen zur politischen und militärischen Lehrzeit, die de Gaulle 1924/25 als Stabsoffizier in Mainz, vor allem aber 1927/29 als Bataillonskommandeur in Trier, erfahren hatte. In Trier hielt er auch in französischen Offiziers- und Verwaltungskreisen Vorträge, darunter einen über «la déroute du peuple allemand», ein Thema, das sich offensichtlich nicht nur auf den militärischen Zusammenbruch von 1918 bezog, sondern auch auf seine Auswirkungen im deutschen Volk. Hier las er, nach Lacouture, neben der «Action Française», dem intellektuellen Rechtsblatt, auf das er abonniert war, auch Moeller van den Brucks Plädoyer für ein «Drittes Reich», einen Führerstaat mit der Verherrlichung des «Soldatischen».

Es ist festzuhalten, daß dieser Major de Gaulle, der solche Gedanken hatte, folgerichtig ein scharfer Kritiker der Parlamentsdemokratie war, nicht etwa der Demokratie schlechthin. Aber er wollte immer eine starke Staatsführung und die Rolle des Parlaments und der Parlamentarier beschneiden. So entwarf er ja 1946 auch eine Verfassung und so regierte er nach 1958 die V. Republik. In den dreißiger Jahren schloß er sich mit diesen antiparlamentarischen Ansichten keineswegs den Veteranenverbänden an oder anderen Rechtsgruppen, die gegen die demokratische Ordnung demonstrierten und die 1934 an den Fundamenten der Republik zu rütteln begannen. Und er hat auch nie irgendeine Sympathie für das nationalsozialistische Regime gezeigt, obwohl es so wie er selbst es vorschlug, die Panzerwaffe im Verein mit den Kampfflugzeugen zum Rückgrat seiner Rüstung machte. Seine Veröffentlichungen wurden im Dritten Reich mit Sympathie erwähnt. Wo ihm später während des Krieges jene Tugenden entgegentraten, die er selbst als «soldatisch» beschrieben hatte, äußerte er auch gegenüber diesen Feinden seinen Respekt. So entfuhr ihm im Winter 1944, als er das Schlachtfeld von Stalingrad besuchte, die Bemerkung «Un grand peuple!»[24] – Ein großes Volk! Und als man ihn fragte, ob er die Russen gemeint habe, berichtigte er: «Die Deutschen natürlich».

Schon in den Büchern, die er als junger Offizier schrieb, kann man unschwer zwischen den Zeilen das Bedauern darüber lesen, daß er Franzosen und Deutsche zur Gegnerschaft verurteilt sah. In seinem Buch über die Notwendigkeit einer Berufsarmee (1934) verglich er die Eigenschaften beider Völker miteinander und zog den bitteren Schluß, daß beide zwar gelegentlich von großen Dingen träumten, die sie gemeinsam unternehmen könnten, schließlich aber doch immer in Mißtrauen und Feindschaft zurückfielen: «Zwischen den Galliern und den Germanen haben die wechselseitigen Siege nichts entschieden und nichts bereinigt. Manchmal, wenn sie vom Kampf erschöpft sind, scheinen sich beide Völker zu nähern, so als wenn sie sich, wie taumelnde Krieger, gegenseitig stützen wollten. Aber sobald sie wieder Kräfte gesammelt haben, lauert einer dem anderen auf ...»

Als er nach Kriegsende zum ersten Mal seine Besatzungszone besuchte, fand er nicht nur in Saarbrücken, das er ja annektieren wollte, sondern auch in Trier, Koblenz, Mainz und Baden-Baden ermutigende Worte, sprach von der gemeinsamen europäischen Zukunft und drückte, nach Paris zurückgekehrt, seine Erschütterung über die deutsche Ruinenlandschaft aus, bei deren Anblick sich «sein Herz als Europäer zusammengekrampft» habe. Seine Umgebung stellte fest, daß seine Pläne zur Zerstückelung Deutschlands «nicht etwa auf heftige antideutsche Gefühle zurückgingen».[25]

Es konnte ihm 1962 also in den Städten der Bundesrepublik nicht schwer fallen, vom «großen deutschen Volk» zu sprechen und es als Verbündeten zu umwerben. Er änderte seine Grundeinstellung auch nicht, als er zur Zeit der Regierung Erhard/Schröder von den Deutschen enttäuscht war. Noch wenige Monate vor seinem Tode heißt es in einem Bericht, den der Journalist und Historiker Raymond Tournoux nach einem Besuch in Colombey-les-deux-Eglises für «Paris-Match» schrieb: «Deutschland passioniert ihn. Eine Mischung aus Bewunderung, Bedauern und Ängsten befällt ihn, wenn er daran denkt. Er spricht vom Romantismus dieses ewigen Deutschland und gleichzeitig von seinem Realismus. Er zitiert Goethe. Er spricht vom ‹ewigen Werden› des germanischen Wesens. Er wünscht den Erfolg der deutsch-französischen Zusammenarbeit in einem (nach Osten – der Verf.) erweiterten europäischen Rahmen, in den er aber Großbritannien natürlich nicht aufzunehmen bereit ist. Er zählt das Wirtschaftspotential von West- und Ostdeutschland zusammen und scheint sich den Überlegungen gewisser Gaullisten zu nähern, die meinen, die Wege zur ‹Wiedervereinigung› wären schon oft bei unserem Nachbarn den Spuren des Zollvereins gefolgt.»

Das Doppelgesicht: die «bösen Deutschen»

Natürlich findet man in den Reden und Schriften de Gaulles auch sehr kritische und sehr abfällige Bemerkungen über die Deutschen. Nach dem historischen Bild, das er von ihnen hatte, traute er ihnen immer beides zu: das beste und das schlechteste. Viel hing von ihrer Führung ab, aber auch von der Möglichkeit, die ihnen die Geschichte gab, Macht zu entwickeln. In diesem Sinne war seine unermüdliche Forderung «Kein deutscher Zentralstaat, kein Reich» eine unverrückbare Konstante seines Denkens. Statt vieler Zitate in diesem Sinne mag es genügen, eine Passage aus der Begründung wiederzugeben, mit der im Dezember 1944, also noch tief in der harten Endphase des Krieges, den französisch-sowjetischen Pakt der Nationalversammlung vorlegte. Er gab hier der deutschen Gefahr alle Farben: «Ein großes Volk, das aber ständig auf Krieg ausgerichtet ist, weil es nur davon träumt, zu herrschen. Das fähig ist, andere zu zermalmen, ungewöhnliche Anstrengungen zu vollbringen und äußerste Leiden auf sich zu nehmen. Das immer bereit ist, denen, die ihm Eroberungen versprechen, bis zum Verbrechen zu folgen. Das ist das deutsche Volk. So ist es vor allem, seitdem der preußische Drill und Ehrgeiz sich seiner bemächtigten auf den Ruinen des alten Habsburger-Reichs, während gleichzeitig die moderne Industrie sich entfaltete und sich mit seiner Vorliebe für Schlachten verband, so daß sie ganz und gar in ein mächtiges und entschlossenes Kampfinstrument verwandelt wurde. Seine Gaben im Bereich der Philosophie, der Technik, der Kunst haben diese Tendenz bei weitem nicht humaner gemacht. Sie haben im Gegenteil mitgeholfen, Denksysteme zu entwickeln, nach denen die Herrschaft des deutschen Volkes ein überragendes Recht und eine unerbittliche Pflicht ist.»

Auf solche Urteile gründete sich nach Kriegsende und nachdem er von den drei Haupt-Alliierten eine Besatzungszone zugebilligt bekommen hatte, seine Deutschlandpolitik. Seine

Hauptforderung wiederholte er mit ähnlichen Worten immer wieder: «Frankreich hat vor sich selbst und anderen die Pflicht, Widerstand dagegen zu leisten, daß Deutschland wieder ein einheitlicher und zentralisierter Staat wird, kurz Das Reich, dessen Rüstung und Dynamik immer die Voraussetzung für seine kriegerischen Unternehmungen waren ... Die Zukunft Deutschlands, so, wie wir sie uns vorstellen, ist nicht das Reich, sondern ein Deutschland, das auf der Grundlage der deutschen Staaten aufgebaut ist. Wir sehen kein Bedenken gegen eine Föderation dieser Staaten, von denen jeder wieder die Rechte ausüben würde, die einst vom Reich zertrümmert worden sind ... Solange aber nicht klargestellt ist, daß es kein Reich mehr geben wird, hat Frankreich nicht das Recht, auf seine Faustpfänder zu verzichten.»

Damit lehnte er alle Überlegungen innerhalb der alliierten Kontrollmechanismen, gemeinsame deutsche Verwaltungsinstanzen einzuführen, kategorisch und konsequent ab und hat auf diese Weise mit dazu beigetragen, daß sich 1949 ohne Komplikationen – außer in Berlin – die Teilung Deutschlands zwischen westlichem und östlichem Besatzungssystem vollziehen konnte. Er hatte auch noch mehr gefordert: Die Abtrennung des linken Rheinufers (mit unklarem Status), die Angliederung der Saar an Frankreich und die Internationalisierung der Ruhr.

Dafür fand er keine Unterstützung bei seinen Verbündeten, auch nicht bei Stalin. Immerhin konnte er später sagen, er habe nie die Zerschlagung Deutschlands oder die 1949 effektiv vollzogene Teilung im Sinn gehabt. Und tatsächlich hatte er in der letzten Phase des Krieges, am 25. April 1945, als sich Amerikaner und Russen bei Torgau an der Elbe die Hand reichten, gewarnt: «Inmitten seiner zerstörten Städte und der Verwüstungen seiner Felder kämpft der Feind immer noch um jeden Fußbreit Bodens. Alles deutet darauf hin, daß die Kämpfe fortdauern werden, bis die letzte deutsche Einheit in ihrer letzten Stellung vernichtet worden ist. Die Philosophen und Historiker werden später darüber diskutieren, was die

Gründe dieses erbitterten Kampfes waren, die ein großes Volk in den völligen Ruin trieben, ein Volk, das sicher schuldig geworden ist und das im Namen der Gerechtigkeit bestraft werden muß, dessen völlige Vernichtung aber im höheren Interesse Europas bedauert werden müßte.» Er wählte einen Begriff («la raison supérieure de l'Europe»), der von einer Art europäischer Staatsraison ausging.

Als er 1958 wieder an die Regierung kam, fand er eine völlig neue Lage vor und paßte sich ihr auch an. Es kann aber nicht falsch sein, an seine früheren Vorstellungen zu erinnern, denn so lernfähig er auch bis ins hohe Alter war und immer bereit, neue Gegebenheiten und Entwicklungen realistisch in seine Konzeptionen aufzunehmen, so sehr entdeckt man doch auch immer wieder, daß bestimmte Grundsätze seines Denkens sich immer wieder Bahn brechen und mit einfließen in neue Überlegungen. Und da es hier um seine europäische Politik zwischen Atlantik und Ural geht, ist daran zu erinnern, daß auch dieser Begriff schon früh bei ihm auftaucht.

So gebraucht er ihn im März 1950 (16. 3.), zwei Monate vor der Verkündung des Schuman-Plans in einer Pressekonferenz, in der er – damals der Chef des «Rassemblement du Peuple Français» (RPF) – nach einem Vorschlag Adenauers für eine deutsch-französische Union gefragt wird. Er spricht von Adenauer als «dem guten Deutschen», dessen politisches Auftreten er «seit dreißig Jahren mit Interesse und mit Achtung» verfolge. Er hat in dieser Zeit oft gesagt und wird es nach Verkündung des Schuman-Plans immer wieder sagen, daß er eine unmittelbare Verständigung zwischen Deutschen und Franzosen einem europäischen Mechanismus vorziehe, und er sagt hier: «Ich bin überzeugt, wenn Frankreich wieder aufrecht stünde und geführt wäre und dann die Initiative ergriffe, insbesondere mit Unterstützung der Deutschen, einen Appell an Europa zu richten, die ganze europäische Atmosphäre vom Atlantik bis zum Ural wäre verändert, und die Menschen hinter dem Eisernen Vorhang würden die Folgen spüren. Europa ist der Schlüssel zur Befreiung Europas.»

Nicht anders dachte er, als er am 14. September 1958 zum ersten Mal dem Bundeskanzler Adenauer gegenübersaß. Das sollte sich bald zeigen. Und eines Tages, nachdem er mit Adenauer den deutsch-französischen Vertrag unterzeichnet hatte, sollte er in Bonn daran erinnern, daß man sich aufgemacht habe, um gemeinsam an einem vereinigten Westeuropa zu bauen. Man müsse es nicht zuletzt darum vollenden, damit die Völker hinter dem Eisernen Vorhang hier im Westen etwas finden könnten, um ihre Hoffnungen aufzurichten, «wenn Gott zu hoch und Amerika zu weit ist».

Das Verhältnis de Gaulle – Adenauer

Adenauer war im Sommer 1958 mehrfach von Paris aus dazu angeregt worden, dem neuen Regierungschef de Gaulle einen Besuch zu machen, wie es der englische Premierminister Macmillan und der amerikanische Außenminister Foster Dulles schon getan hatten. Protokollarisch wäre es an de Gaulle gewesen, zu Adenauer zu reisen, der der ältere und auch schon länger im Amt war. Adenauer hielt sich zurück, argumentierte aber nicht mit den Protokoll-Regeln, sondern ließ sagen: «Ich bin der Bundeskanzler eines besiegten Volkes und kann nicht als erster zum Herrn de Gaulle nach Paris fahren. Der General wird das verstehen.» Er verstand. Er hatte selbst einmal, mit stillschweigendem Hinweis auf die französische Niederlage von 1940, zu Churchill gesagt: «Ich bin zu klein, um mich noch zu beugen.» Man fand schließlich die Lösung: Adenauer wurde auf dem Rückweg nach Bonn von der Schweiz, wo er seinen Urlaub verbrachte, im lothringischen Landhaus de Gaulles zu einem privaten Besuch empfangen. Die außergewöhnliche Form dieser Einladung ließ erkennen, daß eine versöhnliche Atmosphäre gesucht wurde, und Adenauer hatte auch durch Mittelsmänner vom positiven Interesse de Gaulles an dieser Begegnung erfahren. Dennoch fuhr er mit sichtlicher Beklemmung zu dem Gespräch und kam mit großer Erleichterung zurück. Die Grundlagen eines Neubeginns waren gelegt worden, ein persönliches Vertrauensverhältnis entstand, wie es in den deutsch-französischen Beziehungen von noch größerer Bedeutung ist als es sonst im zwischenstaatlichen Verkehr sein mag. Darum lohnt es, den Gründen nachzugehen.

Man hat sich immer wieder gefragt, was wohl zwei so verschiedene Menschen wie Adenauer und de Gaulle zusammengeführt habe, ob es sich da nicht um Legendenbildung handele. Gelegentlich liest man die Meinung, daß de Gaulle wohl auf Adenauer etwas wohlwollend herabgeblickt habe wie ein französischer Intellektueller und Weltmann auf einen «Provinzler». Oder man liest die Ansicht, daß Adenauer wohl ständig zu de Gaulle als dem intellektuell überlegenen und mit politischen Trümpfen besser ausgestatteten Partner «aufgeblickt» habe.

Ich glaube, daß solche Vermutungen – denn nur um solche kann es sich handeln – am Wesen der Beziehung vorbeigehen, die, nebenbei gesagt, keiner der beiden eine «Freundschaft» genannt haben dürfte. Adenauer pflegte solche Charakterisierungen kurz abzutun mit der Formel: «Freundschaften, die diesen Namen verdienen, schließt man eigentlich nur in der Jugend.» Und für de Gaulle, der immer wieder betonte, daß «Staaten keine Freunde haben», galt dasselbe gewiß auch für diejenigen, die sie regieren. Wer Gelegenheit hatte, mit Adenauer über de Gaulle zu sprechen, hörte leicht eine Bemerkung wie: «Wir wissen doch, wie empfindlich der Mann ist.» – Aber er konnte auch hören: «Das hat mir der Herr de Gaulle gesagt und das *ist* ein *Herr*» (was heißen sollte: auf dessen Wort ist Verlaß).

Der langjährige Außen- und spätere Premierminister de Gaulles, Maurice Couve de Murville, behauptet, daß es für die Art, wie sich schnell zwischen beiden ein Vertrauensverhältnis bildete, kein besseres Wort gebe als «coup de foudre». Das entspricht der «Liebe auf den ersten Blick», und das sei gleich bei der ersten Begegnung am 14. September 1958 in Colombey-les-deux-Eglises passiert. Auch die Biographie Lacoutures sieht im Verhältnis de Gaulles zu Adenauer, wenigstens zu gewissen Zeiten, «die seltene Erscheinung gefühlsbetonter Züge im öffentlichen Leben (de Gaulles)».

Ein anderer unmittelbarer französischer Zeuge dieser Beziehungen, der diplomatische Berater de Gaulles, Pierre Maillard, meint, daß beide eine verwandte Art gehabt hätten, an außenpolitische Fragen heranzugehen. Sie legten immer wieder die Elle einer längst erworbenen «Weltsicht» an, die sich nicht sehr unterschied, weil ihrer beider Wurzeln ins 19. Jahrhundert zurückgingen. In ihrem ersten Gespräch war es zunächst Adenauer, der, gestützt auf seine Moskauer Gespräche aus dem Jahr 1956, sagte, der Kreml habe «seine Sorgen mit dem wachsenden Gewicht Chinas» und der sein Urteil über die internationale Lage so zusammenfaßte: «Die Kräfte des Christentums müßten gegen den wachsenden Materialismus mobilisiert werden.» Da konnte de Gaulle in beiden Fällen nur zustimmen.

Beide hatten sehr verwandte Ansichten über «Preußen» oder über «die Angelsachsen». Vor allem hatten beide die deutsch-französischen Beziehungen vor und nach dem Ersten Weltkrieg ähnlich erlebt als ein Bündel aus Angst, Ablehnung, Faszination und Tragik. Auf diesem Hintergrund sah der eine im anderen wohl eine Verkörperung der besseren Eigenschaften, die er im Nachbarvolk ausgemacht hatte. De Gaulle fand in Adenauer Solidität, Redlichkeit, Beharrlichkeit, natürlich auch eine Portion Bauernschläue. Und Adenauer sah in de Gaulle zunächst einmal den «gebildeten Offizier», der für die Menschen seiner Generation ein gesellschaftliches Leitbild war und dies nicht nur in einer typisch französischen, sondern einer in jeder Hinsicht anspruchsvollen europäischen Form.

Ohne Zweifel hat Adenauer auch in der Aura des einsamen Umgangs mit der Verantwortung, die de Gaulle umgab, ein Element gefunden, das ihm gar nicht fremd war. Als ich ihn einmal auf den Hang de Gaulles zu «einsamen Entschlüssen» ansprach, belehrte er mich: «Die Einsamkeit im Leben eines Menschen kommt doch nicht wie von ihm gerufen, die entwickelt sich.» Dann sprach er von de Gaulles Jahren im Londoner Exil, vom späteren, selbstgewählten Exil in Colombey-les-deux-Eglises, «in diesem Teil Lothringens, wo Sie nichts als Ebene sehen». Und dann wies er noch hin «auf die kleine zurückgebliebene Tochter, die wohl, wenn sie ihre Anfälle hatte, nur in den Armen des Vaters zur Ruhe kam. Was meinen Sie, wieviel Einsamkeit sich um solche Familien ausbreitet ...?»

Es kann sicher nicht falsch sein, das Ungewöhnliche in den Beziehungen zwischen Adenauer und de Gaulle zunächst einmal aus dem menschlichen Blickwinkel zu sehen. Das ausgehende neunzehnte Jahrhundert hatte nicht nur ihre Jugend geprägt; sie lebten beide noch in Möbeln und Formen des 19. Jahrhunderts. Eine typische Beobachtung machte beim Abschluß ihrer ersten Begegnung der damalige persönliche Referent des Außenministers Heinrich v. Brentano, der spätere Botschafter Peter Limbourg. Er berichtet: «Man versammelte sich in dem kleinen Speisezimmer zu einem einfachen Abendessen. Es gab nur einen Wein. Während des Desserts winkte der General seinem Adjudanten und flüsterte ihm etwas zu. Der Adjudant verschwand in der Küche. Es passierte zunächst nichts. Dann kam die Köchin mit Champagnergläsern und mit zwei Champagnerflaschen, die sie vor den Adjudanten auf den Tisch stellte. Ich hörte, wie sie sagte: «Ich kann das nicht.» Daraus schloß zum Beispiel Herr von Brentano: «Das passiert in diesem Hause nicht oft.»

Was war passiert? Zwei Familien hatten sich getroffen, die ihre Geschäfte miteinander verbinden oder ihre Kinder miteinander verloben wollten, und das erste Gespräch war gleich so gut verlaufen, daß man mit dem Champagner einen etwas pompösen und zeremoniellen Schlußpunkt setzte – wie man es diesseits und jenseits des Rheins in den Bürgerhäusern so hielt.

Wenn man die beiden Hauptfiguren aus dieser Perspektive sieht, dann kann man sich klar machen, daß beide Männer, die ihre Staaten patriarchalisch wie Klein- und Mittelbetriebe regierten, die in alles eingriffen, sich nicht in erster Linie nach ihren intellektuellen Fähigkeiten maßen, sondern, wie zwei Unternehmer, nach der Fähigkeit, ihre Belegschaft zu führen und mit der Konkurrenz fertig zu werden. Und man versteht, daß de Gaulle einmal einem langjährigen Mitarbeiter auf die Frage, welche von allen ausländischen Besuchern den stärksten Eindruck auf ihn gemacht hätten, die Antwort gab: «Stalin, Adenauer und der Schah von Persien.» Dann kam die Erklärung: diese drei hätten das beste Augenmaß für ihre sehr unterschiedliche internationale Position gehabt und alle Möglichkeiten genutzt. Und hier kommt man vielleicht an den tiefsten Grund ihres Einvernehmens. Jeder der beiden, de Gaulle wie Adenauer, brauchte den anderen für die Zwecke seiner eigenen Politik (oder sogar: eines eigenen Traums). Dieses Wissen um ihre politische Interessengemeinschaft, das sich am stärksten in gegenseitiger Rücksichtnahme äußerte, verband sie und erweckte bei Außenstehenden den Eindruck einer Konspiration, die als solche nicht bestand.

Gemeinsam – trotz unterschiedlicher Interessen

Das äußere Ergebnis ihres ersten Gesprächs war ein Kommuniqué, in dem beide erklärten, «daß die vergangene Gegnerschaft ein für allemal überwunden sein muß und daß Franzosen und Deutsche dazu berufen sind, im guten Einvernehmen zu leben und Seite an Seite zu arbeiten». Adenauer hielt aus diesem Gespräch vor allem fest, Frankreich sei nun «eng verbunden mit Deutschland zum Schutz gegen Sowjetrußland». Und de Gaulle schreibt in seinen Memoiren,[26] in denen er dieser Begegnung einen breiten Raum widmet, er habe Adenauer gesagt, daß Frankreich «für die Unterstützung ... zur Wiederherstellung seines alten Aggressors die Erfüllung gewisser Bedingungen (erwarte): die Hinnahme der vollendeten

Tatsachen bezüglich seiner Grenzen (gemeint war die Westgrenze Polens), eine Haltung guten Willens in seinen Beziehungen zum Osten, vollständiger Verzicht auf Atomrüstung, standfeste Langmut in der Frage der Wiedervereinigung».[27]

Daß die Beziehungen zu Osteuropa, insbesondere zu Polen und der Sowjetunion, ausführlich behandelt wurden, geht auch aus der Aufzeichnung des Dolmetschers hervor. Die Umrisse seiner späteren Ostpolitik wurden in den Darlegungen de Gaulles jetzt schon deutlich. Es gelte, Europa nach Osten auszudehnen. Man mache entweder das ganze Europa oder man werde kein Europa haben. Die Länder hinter dem Eisernen Vorhang dürften nicht zurückgestoßen werden und gegenüber den Vereinigten Staaten müsse Europa unabhängiger werden. Adenauer ging auf diese Überlegungen positiv ein. Überhaupt zeigte sich in diesem Gespräch «jeder von seiner besten Seite», wie der Adenauer-Biograph Hans-Peter Schwarz schreibt.[28] Adenauer nahm noch ein praktisches Ergebnis für seine Politik mit nach Hause: De Gaulle kündigte ihm an, daß er die von Frankreich übernommenen Verpflichtungen im Vertrag über die Europäische Wirtschaftsgemeinschaft, obwohl er die Integrationselemente der Europa-Verträge nicht schätze, zu den vorgesehenen Terminen erfüllen werde. Damit konnte die Öffnung des Gemeinsamen Marktes Anfang 1959 beginnen. Frankreich gab sich durch eine Währungsreform und andere Maßnahmen die notwendigen gesunden Grundlagen.

Bald darauf mußte Adenauer allerdings auch schon feststellen, daß General de Gaulle die Bundesrepublik nicht wie einen gleichwertigen Partner behandeln wollte. Beide hatten zwar von der NATO gesprochen, jeder, vor allem natürlich de Gaulle, mit eingeschränkter Zustimmung. Aber de Gaulle hatte ihm keine Andeutung davon gemacht, daß er einen diplomatischen Vorstoß in Washington und London vorbereitete, der für das Sicherheits-System des Westens eine strukturelle Änderung zugunsten Frankreichs verlangte. Sie mußte sich auch auf die Beziehungen innerhalb der NATO auswirken. Einen unmittelbaren Eingriff in das Vertragssystem der NATO, das ja auf den Atlantik und auf Europa beschränkt war, stellten seine Vorschläge nicht dar. Er verlangte vielmehr eine Art Triumvirat, das von den USA, England und Frankreich gebildet werden sollte, zur Abstimmung in allen weltpolitischen Fragen, vor allem über Krisengebiete, die außerhalb des NATO-Bereichs liegen könnten.

Die unvermeidlichen Auswirkungen auf die Verhältnisse innerhalb der NATO waren aber nicht zu übersehen, um so weniger, als bald auch Berlin von de Gaulle in diesen Problemkreis einbezogen wurde. Das Memorandum, mit dem der französische Staatspräsident seine Vorschläge an die amerikanische und englische Regierung richtete, trägt das Datum vom 17. September, zwei Tage, nachdem Adenauer ihn verlassen hatte, es schlägt den beiden weltpolitischen Partnern u. a. einleitende Gespräche im Rahmen der Standing Group der NATO, dem höchsten aus drei hohen amerikanischen, englischen, französischen Offizieren bestehenden militärischen Gremium der Bündnis-Organisation, vor, womit die beabsichtigte Auswirkung auf das ganze Bündnis schon einkalkuliert war. Zur Begründung für die besondere Rolle, die die drei Mächte übernehmen sollten, führte de Gaulle u. a. ihren Besitz von Atomwaffen an, obwohl Frankreich erst in einigen Jahren darüber verfügen sollte.

Adenauer erfuhr Einzelheiten dieses Vorschlags durch den britischen Premierminister Harold Macmillan, der ihn Anfang Oktober besuchte, und er war empört. Er erkannte sofort, daß hier der Versuch gemacht wurde, Rangunterschiede zwischen den europäischen Bündnispartnern zu organisieren, Frankreich eine herausragende Stellung auf dem europäischen Kontinent zu geben. Bald beteiligte er sich aktiv an Überlegungen, die der NATO-Oberbefehlshaber General Norstad zusammen mit kleineren NATO-Partnern, insbesondere Holland, unternommen hatte, um der NATO, das heißt praktisch den europäischen Partnern, einen Gemeinschaftsbesitz an Atomwaffen zu sichern – deren Einsatz allerdings amerikanischer Verfügung vorbehalten war. Vergebens versuchte er, auch de Gaulle zur Teilnahme an einem solchen Pool zu gewinnen.

Wie schwierig die Position Adenauers war, wurde deutlich in einem Gespräch, das er am 3. Oktober 1960 in Bonn mit dem früheren französischen Ministerpräsidenten Paul Reynaud führte, jenem Regierungschef der III. Republik, der 1940 den Brigadegeneral de Gaulle als Unterstaatssekretär für das Heer in seine Regierung genommen, der früher schon zu ihm gehalten hatte und ihn auch nach dem Krieg als ein Abgeordneter der konservativ-liberalen Rechten weitgehend unterstützte. Adenauer kannte ihn als aktiven Verfechter der Europa-Politik Robert Schumans. Reynaud konnte davon ausgehen, daß er Vertrauen bei de Gaulle ebenso wie bei Adenauer genoß.

Sein Besuch bei Adenauer war darauf zurückzuführen, daß de Gaulle ihn zu einem längeren Gespräch über NATO und Europa eingeladen und bei dieser Gelegenheit gefragt hatte, ob er vielleicht auch Adenauer sehe, was Reynaud nach seiner Aussage als Aufforderung aufgefaßt hatte. Das Gespräch drehte sich um die Meinungsverschiedenheiten, die entstanden waren, nachdem de Gaulle bei einem langen Gespräch Ende Juni 1960 auf Schloß Rambouillet den deutschen Bundeskanzler über seine Pläne zur Bildung einer «Europäischen Union» unterrichtet und zunächst seine Zustimmung gefunden hatte. Dann waren Adenauer aber, als er nach Bonn zurückgekehrt war und die Aufzeichnungen des Dolmetschers gelesen hatte, Bedenken gekommen – seine Berater, vor allem Botschafter Blankenhorn, hatten daran aktiv mitgewirkt –, und er hatte Staatssekretär Hilger van Scherpenberg zu einigen Klarstellungen nach Paris geschickt. Worin seine Bedenken bestanden, das ergibt sich klar genug aus seiner Darstellung gegenüber Reynaud, die er drei Monate nach dem Ereignis gab:

Er habe schon während des Gesprächs, das fünf oder sechs Stunden dauerte, zu de Gaulle gesagt, er finde in seinem Exposé vieles richtig, aber auch Irrtümer. Er habe ihn dringend gebeten, seine noch etwas ungenauen Vorstellungen zunächst mit niemandem zu besprechen, weil es sonst eine «unentwirrbare Konfusion» geben könne. In der gegenwärtigen Lage (Berlin-Krise, der Verf.), so habe er betont, müsse man sich an zwei Grundsätze halten:

Erstens, der Sowjetunion nicht den Eindruck geben, daß die freie Welt uneins sei; das könne Chruschtschow nur in der Annahme bestätigen, er werde die Einheit des Westens schon spalten.

Zweitens, Europa ist ohne die Hilfe der Vereinigten Staaten verloren.

Diese beiden Grundsätze erschienen ihm, Adenauer, ganz wesentlich. Dann habe er de Gaulle erklärt, daß die NATO gewiß reformbedürftig sei, denn sie sei vor zehn Jahren unter ganz anderen Umständen gegründet worden – aber man dürfe nicht jetzt, mitten im amerikanischen Wahlkampf, seine Reformprojekte vor der Öffentlichkeit ausbreiten. Zwischen Frankreich und Deutschland und später auch mit anderen europäischen Ländern könne man gewiß versuchen, sich gewisse Vorstellungen von der nötigen Reform zu machen – aber nicht öffentlich –, und man solle außerdem versuchen, noch von Eisenhower eine Zusicherung zu bekommen, daß die NATO-Partner in voller Unabhängigkeit über Atomwaffen verfügen könnten ohne eine vorherige Entscheidung des jeweiligen amerikanischen Präsidenten.

Danach berichtete Adenauer noch von dem Versuch, die Ansichten de Gaulles über die supranationale Kommission der Kohle-Stahl-Union positiv zu beeinflussen. Er betonte, daß er im Juli in seinem Brief an General de Gaulle die hier dargelegten Gesichtspunkte wiederholt habe.

Vertrauensbildende Berlin-Krise

Diese Meinungsverschiedenheiten standen aber im Schatten der neuen Berlin-Krise, die der sowjetische Partei- und Staatschef Nikita Chruschtschow entfesselt hatte. Am 27. November 1959 ließ er den anderen drei Garantiemächten Berlins eine Art Ultimatum übergeben: Sie sollten ihre Truppen abziehen und darin einwilligen, daß West-Berlin zur Freien Stadt erklärt werde, andernfalls werde er mit der DDR einen Friedensvertrag schließen und ihr den östlichen Teil Berlins und die Zufahrtswege übergeben. Für fast vier Jahre stand Berlin nun wieder im Zentrum der Weltpolitik. Chruschtschow hatte seine Forderungen schon am 10. und 15. November in zwei Reden angekündigt. Als Adenauer und de Gaulle sich erneut trafen, diesmal am 18. November in Bad Kreuznach und mit Regierungsdelegationen, mußten sie die sowjetischen Drohungen schon sehr ernst nehmen. Ohne Zögern erklärte de Gaulle, daß er in dieser Frage an der Seite der Bonner Regierung stehen werde, und er erwies sich tatsächlich während der ganzen Krise als der zuverlässigste Verbündete, der unter keinen Umständen bereit war, der sowjetischen Forderung nachzugeben und damit erheblich zu einer festen Haltung des Westens beitrug, während die beiden angelsächsischen Mächte gelegentlich zu Verhandlungen neigten, deren Ergebnis nach der Ansicht Adenauers und de Gaulles nur ein verminderter Rechtsstatus des freien Teils der Stadt Berlin sein konnte.

Schon am 16. Dezember sagte de Gaulle in einem Gespräch mit US-Außenminister John Foster Dulles, der zur jährlichen Herbsttagung der NATO nach Paris gekommen war und der eine erste Abstimmung unter den beteiligten Regierungen vornahm, der Westen dürfe sich niemals einer Drohung beugen. Das entsprach seiner alten Auffassung, man dürfe Diktatoren nie nachgeben, wenn sie drohen. Man ermutige sie damit nur, immer neue Forderungen zu stellen. Er präzisierte seine Auffassung noch für den konkreten Fall: «Falls die Sowjets mit dem Krieg drohen, müssen wir die Herausforderung annehmen, selbst wenn das wirklich zum Kriege führen sollte. Die einzige Möglichkeit, den Krieg zu verhindern, besteht darin, die Herausforderung anzunehmen. Diese Einstellung muß ganz klar gemacht werden.»

Er wurde sich auch mit Dulles einig darüber, daß der Westen militärisch vorgehen müsse, wenn die Russen ihre Rechte über die Zufahrtswege nach Berlin den Ostdeutschen übergeben sollten. Darüber konferierte er mit Dulles erneut am 6. Februar 1959. Den Amerikanern ging es in diesem Augenblick um Pläne für die praktischen Schritte, die in einem solchen Fall zu tun seien. Der französische Staatspräsident hatte seine Haltung mit dem deutschen Bundeskanzler abgestimmt. Dulles war vorher in London gewesen und hatte dort eine kompromißbereite Atmosphäre vorgefunden. Er befürchtete, daß de Gaulle die härtere Haltung, die man von ihm erwartete, an amerikanische Zusagen für seine Algerienpolitik knüpfen könne und war «angenehm überrascht», daß er einer solchen Forderung nicht begegnete.[29] Er drückte in seinem Telegramm an Eisenhower über sein Gespräch mit de Gaulle sogar die Sorge aus, daß de Gaulles Vorstellungen zu weit gehen könnten, und fragte sich, «ob sie (die Franzosen) das durchdacht haben». Denn de Gaulle hatte sich bereit gezeigt, «die großen Mittel einzusetzen», worunter Dulles wohl einen möglichen Einsatz nuklearer Mittel verstand.

Der amerikanische Historiker, der diese Akten vorlegt, meint dazu: «De Gaulle wollte die USA drängen, sich auf den militärischen Einsatz einzustellen statt an Konzessionen zu denken. Auf diese Weise dachte er die Position der Alliierten in Berlin zu retten, aber dann wollte er auch bei den Deutschen das Verdienst dafür in Anspruch nehmen, daß er es war, der die Amerikaner überzeugte, hart zu bleiben.» Die Interpretation wird von Franzosen, die an der Politik de Gaulles teilnahmen, geteilt.

Wer jetzt fragt, ob etwa de Gaulle zu einem Atomkrieg bereit war, darf nicht vergessen, daß er während dieser Jahre die Sowjets nicht für kriegsbereit hielt. Er war aber der Überzeugung, daß sie um so weniger riskieren würden, je fester man ihnen entgegentrat. In einem anderen Kreis sagte er in diesen Jahren: «Sie wollen nicht für Berlin sterben? Verlassen Sie sich darauf, die Sowjets wollen es auch nicht.»

Adenauer hatte auch den Amerikanern gegenüber, insbesondere nachdem John F. Kennedy auf Eisenhower gefolgt war, das Bedenken, sie könnten einen Ausweg aus der Krise durch Verhandlungen mit den Sowjets suchen und dabei einen Kompromiß auf Kosten Berlins schließen. Die zuverlässig feste Haltung de Gaulles war also ein sehr wichtiges Element seiner Politik in diesen Jahren. Er war sich mit de Gaulle auch einig über die politische Tragweite der Berlin-Krise. «Worum geht es denn?», fragte de Gaulle im Dezember 1961 den amerikanischen Außenminister Dean Rusk, «um die Neutralisierung Deutschlands, der die Neutralisierung Europas folgen würde.»

Nun bewegte sich Adenauers Politik auf einem schmalen Grat zwischen der Notwendigkeit, einen engen Kontakt zu de Gaulle zu halten, gleichzeitig aber nicht das Vertrauen der USA zu verlieren, die über die Atompolitik de Gaulles und seine wachsende Distanzierung von der NATO immer mehr verärgert waren. Auch die Versuche de Gaulles, die europäischen Mitglieder des Gemeinsamen Marktes für eine politische Zusammenarbeit, seinen Plan einer «Europäischen Union» zu gewinnen, entbehrten nicht des antiamerikanischen Akzents.

Die Berlin-Krise ging praktisch 1961 zu Ende. Moskau entschloß sich mit dem Mauerbau zu einer anderen Art der Sicherung seiner DDR und ließ seine ultimativen Forderungen schließlich im Lauf der Jahre 1962/63 langsam versickern. Im Herbst 1962 entkam die Welt einer kürzeren, aber viel ernsteren Krise, weil es um die Installation sowjetischer Raketenbasen auf Kuba, das heißt vor den Toren Amerikas, ging. Als beide Krisen überstanden waren – beide dank der festen Haltung des Westens –, kam de Gaulle bei seiner Analyse der Weltlage zu dem Ergebnis, daß nun die Zeit für seine Entspannungsoffensive nach Osten gekommen sei. Der deutsch-französische Vertrag wurde in dieser Perspektive geschlossen. Er war Adenauers letzte staatsmännische Tat, bevor er im Oktober 1963 sein Amt niederlegte.

Spannungen mit den USA

Das Mißtrauen, das er entfachte, die Spannungen, die er auslöste, konnten die letzten Monate der Regierungszeit Adenauers kaum noch weiter trüben. General de Gaulle ging davon aus, daß sein Bonner Partner allein durch die Ankündigung seines Rücktritts politisch schon zu sehr geschwächt war, um noch die Präambel zu verhindern, mit der eine Mehrheit aus allen Parteien des Bundestags den Sinn des deutsch-französischen Vertrags entstellte, indem sie ihn den europäischen und atlantischen Abmachungen unterordnete. Er hatte es auch immer vermieden, Adenauer vor eine Wahl zwischen Paris und Washington zu stellen.

Darauf lief aber nun die Entwicklung zu. Der neue Bundeskanzler, Professor Ludwig Erhard, hatte schon im Februar 1963 zu den ersten gehört, die gegen den deutsch-französischen Vertrag und die «kleineuropäische Politik», die daraus spreche, polemisierten. Der Weltwirtschaftler, der er war, fühlte sich stärker zu den Angelsachsen und vor allem zu den USA hingezogen. Sein Außenminister Gerhard Schröder war schon zu Zeiten Adenauers, dessen Außenminister er auch gewesen war, der Ansicht, daß die Bedeutung der Beziehungen mit Frankreich überschätzt werde und daß die Bundesrepublik wegen des Problems der deutschen Teilung und der Gefährdung Berlins vor allem an guten Beziehungen zu Amerika interessiert sein müsse. Die USA aber taten nun alles, um die Bundesregierung fester an sich zu binden und den Einflüssen de Gaulles zu entziehen. Der Besuch von Präsident Kennedy in der Bundesrepublik (1963) und seine berühmte Rede vor dem Schöneberger Rathaus («Ich bin ein Berliner») gehörten zu diesem Bemühen.

Die Spannungen in der westlichen Welt entwickelten sich auch so, daß man in Bonn die Balance oder «den Spagat» zwischen Washington und Paris nicht mehr schaffte. Aus den Bemühungen um eigene Atomwaffen der NATO war ein amerikanisches Angebot an die NATO-Partner, gemeint war vor allem die Bundesrepublik, geworden, einen Gemeinschaftsbesitz an Atomraketen zu erwerben und damit Schiffe auszurüsten, die dem NATO-Oberbefehlshaber zur Verfügung standen – wobei der Einsatz dieser Atomwaffen der amerikanischen Entscheidung vorbehalten war. Die Verhandlungen über dieses Projekt zogen sich etwa zwei Jahre lang hin und wurden von de Gaulle als taktisches Manöver gegen den Aufbau der französischen Atomwaffe empfunden. Dann spitzten sich in der Europäischen Wirtschaftsgemeinschaft die Gegensätze wegen der englischen Kandidatur zu, die von der Regierung Erhard/Schröder unterstützt, von de Gaulle nach wie vor abgelehnt wurde. Auch hier sah er amerikanische Manöver im Hintergrund. Innerhalb der Europäischen Gemeinschaft kamen dann noch Probleme hinzu, die von den Verhandlungen um den Agrarmarkt und von ständig neuen ideologischen Auseinandersetzungen um die Philosophie der europäischen Einrichtungen (übernational oder den nationalen Entscheidungen unterworfen) ausgelöst wurde. General de Gaulle verschärfte sie noch durch seine Appelle zu größerer Unabhängigkeit der Europäer und durch seine visionären Forderungen nach Auflösung der Blöcke. Schließlich verärgerte er alle durch seinen Austritt aus der NATO im März 1966.

Ende 1965 war die Multilaterale Atomstreitmacht (MLF) der NATO – unter dem gleichzeitigen Beifall von Paris und Moskau – endgültig gescheitert. Washington und Moskau begannen Verhandlungen über einen Atom-Sperrvertrag, der eine gewisse «Komplizenschaft» der Weltmächte enthüllte und die Bundesrepublik als weltpolitischen Habenichts erkennen ließ, der nun auch keine diplomatische Unterstützung mehr von de Gaulle bekam. Frankreich war bis zum Februar 1966 den europäischen Gremien in Brüssel monatelang ferngeblieben und sorgte noch für einige weitere Monate, bis zum Abschluß der Agrarverträge, für Spannung. Das alles trug in Bonn, wo sich vorübergehend die politischen Kreise quer durch die Parteien in «Europäer» (= Gaullisten) und «Atlantiker» (= Antigaullisten) gespalten hatten, zur Schwächung und schließlich, im November 1966, zum Sturz der Regierung Erhard bei.

Sie hatte sich der allgemeinen Tendenz zu einer Politik der Entspannung vorsichtig und auf ihre eigene Weise angeschlossen, indem sie Verbindungen mit einigen Mitgliedern des Warschauer Pakts zu knüpfen versuchte – um die DDR herum, womit sich aber auch Moskau umgangen fühlte. General de Gaulle hingegen hatte seine Bemühungen um den Osten nun soweit vorangebracht, daß er am 21. Juni 1966 seinen sehr gut vorbereiteten Besuch in Moskau machte und damit den Höhepunkt seiner Entspannungs-Offensive erreichte, die ja auch der Auftakt zu seiner Politik «zwischen Atlantik und Ural» sein sollte. Er hatte bei Besuchen in Bonn und durch Reden und Erklärungen weiter vergeblich für seine europäische Politik zur Überwindung der Blöcke geworben, hatte aber auch durch seine antiamerikanische Haltung, die er ebenso in Südamerika wie in Südost-Asien zum Ausdruck brachte, den europäischen Partnern die Entscheidung zugunsten seiner Politik eines «europäischen Europa» schwer gemacht.

Aus heutiger Sicht muß man sich wundern, wie schwer er es manchmal seinen Partnern machte, seine Absichten zu verstehen, weil er durch seine spektakulären Auftritte die Akzente immer neu setzte, sie damit offensichtlich verwirrte, jedenfalls oft leichtfertige Interpretationen herausforderte.

Über die Stellung Deutschlands in seinem Konzept hatte er sich eigentlich gleich zu Beginn seines großen Staatsbesuchs in der Bundesrepublik unmißverständlich ausgedrückt. Seine erste Tischrede beim Essen des Bundespräsidenten auf Schloß Brühl am 4. September 1962 enthielt alle notwendigen Klarstellungen einschließlich des Vorschlags für einen engen Zusammenschluß, eine «Union», wie er sich ausdrückte, wie sie dann mit dem deutsch-französischen Vertrag vom 22. Januar 1963 eingeleitet wurde. Er hatte klar gesagt, warum er dieses enge Verhältnis herstellen wollte und daß er es für eine Politik der Entspannung in Europa als unumgänglich ansah. Er hatte festgestellt, daß beide Länder gegenüber der sowjetischen Bedrohung nur gemeinsam und eng verbunden bestehen konnten. Er hatte von der atlantischen Allianz gesprochen und gesagt, daß sie einen europäischen Pfeiler brauche, «einen Damm der Macht und des Wohlstandes ähnlich den Vereinigten Staaten von Amerika». Dieser Damm bedürfe der festen Grundlage einer deutsch-französischen Solidarität. Und er hatte den Blick nach vorn gerichtet, von der Hoffnung auf Entspannung zwischen Atlantik und Ural gesprochen «unter der zwingenden Bedingung ... einer einzigen und gleichen deutsch-französischen Politik.»

Im Zusammenhang hieß das bei ihm, die Welt solle im Bestreben der Deutschen und Franzosen, sich zusammenzuschließen, nicht nur «die Geste der Hilflosigkeit sehen, mit der am Ende eines Kampfes wankende und erschöpfte Krieger einander stützen». Es gehe vielmehr darum, aus einem Zusammenschluß («Union») eine «gemeinsame Quelle der Macht, des Einflusses und der Tat zu machen». Dann fuhr er wörtlich fort: «Weshalb wollen wir eine solche Union? Zunächst, weil wir zusammen und direkt bedroht sind. Bei dem herrschsüchtigen Streben der Sowjets weiß Frankreich sehr wohl, welch unmittelbare Gefahr seinen Leib und seine Seele bedrohte, wenn vor ihm Deutschland wanken würde, genauso wie auch Deutschland nicht verkennen kann, daß sein Geschick besiegelt wäre, wenn Frankreich, hinter ihm, es nicht mehr stützen würde. Diesen Zusammenschluß wollen wir ferner, weil die Allianz der freien Welt, mit anderen Worten das Bündnis Europas und Amerikas, auf lange Sicht sein Selbstvertrauen und seinen Bestand nur wahren kann, wenn es auf dem alten Kontinent einen Damm der Macht und des Wohlstandes ähnlich dem der Vereinigten Staaten auf dem neuen Kontinent gibt. Ein derartiger Damm kann aber nur auf der Grundlage der Solidarität unserer beiden Staaten errichtet werden.

Diesen Zusammenschluß wollen wir ebenfalls mit Aussicht auf eine vielleicht sehr ferne Entspannung und sodann auf eine internationale Verständigung, die es Europa gestatten würden, nach Beendigung des herrschsüchtigen Strebens einer überholten Ideologie im Osten sein Gleichgewicht, seinen Frieden, seine Entwicklung vom Atlantik zum Ural sicherzustellen unter der zwingenden Bedingung, daß eine lebensvolle und starke europäische Gemeinschaft im Westen betrieben wird, das heißt im wesentlichen eine einzige und gleiche deutsch-französische Politik.»

11. Die «deutsche Frage» als europäisches Problem

Einmal formuliert, blieb er unbeirrbar auf seinem Kurs. Dazu gehörte sein Werben für eine Lösung der deutschen Frage durch Zusammenwirken der Europäer, wie er sie in Moskau und Warschau vorgetragen hatte (s. S. 56 u. 65). Viele seiner Gedanken wurden später aufgegriffen, ein Modell, das er schon im März 1959 für eine Annäherung der beiden deutschen Staaten entworfen hatte, enthielt einen ostpolitischen Grundgedanken der späteren Regierung des Bundeskanzlers Willy Brandt und seines Außenministers Walter Scheel, und man kann dieses Modell auch noch in dem Angebot der «Vertragsgemeinschaft» von DDR-Ministerpräsident Hans Modrow und im Zehn-Punkte-Vorschlag zur Deutschlandpolitik des Bundeskanzlers Helmut Kohl, beide von Ende November

1989, wiederfinden. Das Prinzip ist eine enge deutsch-deutsche Kooperation in allen praktischen Fragen, die das Zusammenleben der Menschen betreffen. Hier der Wortlaut der Erklärung de Gaulles vom März 1959:

«Die Wiedervereinigung der beiden getrennten Teile zu einem einzigen Deutschland, das völlig frei sein würde, scheint uns das normale Schicksal des deutschen Volkes zu sein, vorausgesetzt, daß es seine gegenwärtigen Grenzen im Westen, Norden, Osten und Süden nicht wieder in Frage stellt und daß es danach strebt, sich eines Tages vertraglich in eine ganz Europa umfassende Organisation für Zusammenarbeit, Freiheit und Frieden einzufügen. Wir meinen jedoch, daß, bis dieses Ideal erreicht werden kann, die beiden getrennten Teile des deutschen Volkes die gegenseitigen Verbindungen und Beziehungen auf allen praktischen Gebieten vermehren sollten: Das Verkehrs- und das Postwesen, die Wirtschaft, die Literatur, die Wissenschaften, die Künste, das Kommen und Gehen der Menschen usw. würden Gegenstand von Vereinbarungen sein, die die Deutschen einander näherbrächten innerhalb und zugunsten dessen, was ich die deutsche Sache («la chose allemande») nennen möchte, die ihnen schließlich trotz der Unterschiede der Regime und der Verhältnisse gemeinsam ist.»

Sechs Jahre später, im Februar 1965, als seine Beziehungen zu Bonn abgekühlt waren, er selbst sich stärker dem Osten zugewandt hatte, knüpfte er an diese Gedanken wieder an. Obwohl seine Reise nach Moskau erst im Juni 1966 stattfinden sollte, bereitete er sie lange durch geeignete Erklärungen und Gesten vor, insbesondere wurde sie durch einen mehrtägigen Besuch von Außenminister Gromyko in Paris im April 1965 vorbereitet, bei dem auch erneut das politische Ziel der Entspannung und des Einvernehmens zwischen Atlantik und Ural klar angesprochen wurde. Am 2. Februar 1965 sah de Gaulle in diesem Zusammenhang so die Lösung des deutschen Problems:

«Das deutsche Problem ist das europäische Problem par excellence. Europäisch – denken Sie nur zurück – seit dem Heraufkommen des Römischen Reiches, das heißt, seitdem das geschichtliche Europa aufgehört hat, sich auf das Mittelmeerbecken zu beschränken, um sich bis an den Rhein auszudehnen. Europäisch wegen des Siedlungsraums der Germanen im Herzen unseres Kontinents zwischen den Galliern, Latinern und Slawen. Europäisch, weil es im Laufe einer langen und harten Geschichte mit vielen Fermenten durchsetzt und mit Folgen beladen wurde, die bei allen Nachbarn dieses in einem ewigen Werden begriffenen Landes von Jahrhundert zu Jahrhundert bitteren Groll und viele Vorurteile zurückgelassen haben ... Europäisch, weil das deutsche Volk ein großes Volk ist, auf dem Gebiet der Wirtschaft wie dem des Geistes, der Wissenschaft und der Kunst ebenso wie im Bereich der militärischen Fähigkeiten, und weil Europa in ihm einen wesentlichen Bestandteil seiner selbst sieht. Europäisch endlich, weil Deutschland seit jeher erfüllt ist von Angst und bisweilen von Zorn – geboren aus seiner eigenen Unsicherheit hinsichtlich seiner Grenzen, seiner Einheit, seiner politischen Ordnung, seiner internationalen Rolle – die sein Schicksal deshalb dem ganzen Kontinent ständig um so beunruhigender erscheinen lassen, je länger es ungewiß bleibt.

Muß da noch gesagt werden, daß die Ereignisse der ersten Hälfte des Jahrhunderts dieses Problem noch schwieriger und brennender gemacht haben als je zuvor? Zweifellos hat die vernünftige und geschickte Politik der Regierung unter Bundeskanzler Adenauer im Westen viele Gemüter beruhigt. Aber trotzdem sind die Spuren des Dramas nicht weniger tief. Um ehrlich zu sein, muß gesagt werden, daß die wirtschaftliche Expansion, die militärische Wiedergeburt und die politische Wiederaufrichtung der Bundesrepublik in der westeuropäischen Öffentlichkeit manchmal auf Zurückhaltung und oft sogar auf Unbehagen gestoßen sind ... Um eines Tages wirklich eine Lösung zu finden, bedarf es des Einvernehmens und der gemeinsamen Aktion der Völker, die seit jeher am Schicksal ihres deutschen Nachbarn interessiert waren, sind und bleiben werden, kurz, der europäischen Völker. Sie müssen die Lösung einer Frage, die im wesentlichen die ihres Kontinents ist, zunächst gemeinsam prüfen, dann gemeinsam regeln und die Regelung schließlich garantieren; das ist der einzige Weg, auf dem ein Europa des Gleichgewichts, des Friedens und der Zusammenarbeit von einem Ende seines Territoriums bis zum anderen wiedererstehen und das einzige Band, durch das es zusammengehalten werden kann.

Das Gelingen eines so weitreichenden und schwierigen Unterfangens setzt selbstverständlich zahlreiche Bedingungen voraus. Rußland muß sich so entwickeln, daß es seine Zukunft nicht mehr in dem ihm und anderen Völkern auferlegten totalitären Zwang sieht, sondern im Fortschritt, der gemeinsam von freien Menschen und freien Völkern vollbracht wird. Die Nationen, die es zu seinen Satelliten gemacht hat, müssen wieder die Möglichkeit bekommen, in einem erneuerten Europa die ihnen gebührende Rolle zu spielen. Vor allen Dingen von Deutschland muß anerkannt werden, daß jede Regelung notwendigerweise auch die Regelung seiner Grenzen und seiner Bewaffnung in Übereinstimmung mit seinen Nachbarn im Osten wie im Westen mit einbezieht. Die sechs Staaten, die im Begriff sind, die Wirtschaftsgemeinschaft Westeuropas zu verwirklichen, wie wir hoffen, müssen sich auf dem Gebiet der Politik und der Verteidigung zusammenschließen und so ein neues Gleichgewicht auf unserem Kontinent ermöglichen ...

Diese Bedingungen mögen sehr komplex und die Zeiträume sehr lang erscheinen. Doch die Lösung eines so umfangreichen Problems wie des deutschen kann nur große Dimensionen und weitreichende Konsequenzen haben. Frankreich jedenfalls glaubt, daß es nicht anders gelöst werden kann als durch Europa selbst, weil es von gesamteuropäischem Maßstab ist. Das ist für die Zukunft auf diesem Kontinent das wesentliche Ziel der Politik Frankreichs.»

Eine praktische Wirkung übten diese Vorschläge de Gaulles nicht aus. Die Zeit war über die deutsche Frage hinweggegangen. Immerhin erreichte de Gaulle mit seinen letzten Endes positiven Stellungnahmen, daß seine Bemühungen um die Sowjetunion in Bonn nicht dem Verdacht des Abrückens von der Bundesrepublik oder des Verrats ihrer Interessen ausgesetzt waren. Wie sehr er immer wieder Überlegungen ermutigte, die seinen Gedanken von einer schrittweisen Auflösung der Blöcke und einer Überwindung des Ost-West-Gegensatzes in Europa gerade in der Bundesrepublik Anhänger gewinnen konnten, haben wir aus den «Erinnerungen» von Willy Brandt erfahren (S. 59). Manchmal suchten sich diese Gedanken auch mehr oder weniger selbständig ihren Weg.

In Paris war es den politischen Kreisen stärker als in anderen Hauptstädten bewußt, daß das Streben nach Überwindung der Blöcke in ein neues europäisches Sicherheitssystem einmünden mußte und daß es nicht zuletzt darum ging, die beiden Teile des deutschen Volkes, die jetzt zu gegensätzlichen «Militärblöcken» gehörten, so in eine neue europäische Ordnung einzufügen, daß kein Neutralitätsstatut für sie herauskam. Das war für de Gaulle ebenso unannehmbar wie es auch die Regierungen der IV. Republik immer abgelehnt hatten. Das deutsche Element mußte in größeren politischen Systemen gebunden und damit kontrollierbar sein.

In diesem Zusammenhang erregte Ende 1967 eine Studie Aufsehen, die vom «Centre d'Etudes de Politique Etrangère» veröffentlicht wurde und die «Sicherheitsmodelle für Europa» vorlegte. Das private Forschungs-Institut, das vom Quai d'Orsay subventioniert wird, hatte einen Arbeitskreis von Wissenschaftlern, Publizisten, Beamten, Politikern, darunter Namen von Rang, monatelang tagen lassen, und der Leiter des Instituts, Jacques Vernant, ein Mann des gaullistischen Lagers, hatte das Ergebnis auch General de Gaulle selbst zugeleitet, ehe er es in der Zeitschrift «Politique Etrangère» veröffentlichte, von der es das «Europa-Archiv»[30] übernahm. Der Staatspräsident hatte in seinem Antwortschreiben ein höfliches Interesse bekundet. Es paßte in seine Arbeitsweise, Ideen in Umlauf zu bringen und Spürhunde auf Fährten durch das

Dickicht der Probleme anzusetzen. Ein Beamter aus seiner Umgebung hatte die Arbeit nicht angeregt, aber gefördert, fest überzeugt, im Sinne seines Dienstherrn zu handeln.

Ein Versuchsballon war die Studie also allemal. Sie entwickelte einen Plan von drei ineinandergreifenden Lösungen nach dem Schema «Entspannung-Einvernehmen-Zusammenarbeit» und ganz im Sinne einer «Europäisierung der deutschen Frage». Sie sah einen fortschreitenden Prozeß von Gewaltverzichtserklärungen, verdünnten Zonen und ein Rüstungskontrollsystem vor und sollte in der dritten Stufe die beiden Militärbündnisse durch ein gesamteuropäisches Sicherheitssystem ersetzen. Dabei sollte ein «Deutscher Bund» in Gestalt einer Konföderation entstehen, aber keineswegs auf einem neutralisierten, wohl aber atomfreien Territorium. Weder Machtvakuum noch Machtzentrum war die Richtschnur für den Prozeß des Zusammenfügens der beiden deutschen Teilstaaten.

Die Studie wurde von Egon Bahr, dem damaligen Leiter des Planungsstabs im Auswärtigen Amt, der ohne Zweifel auch schon während der Arbeiten am Entwurf des «Centre d'Etudes de Politique Etrangère» unterrichtet war, aufgegriffen und zu einem Deutschlandplan verarbeitet, der später durch eine Indiskretion an die Öffentlichkeit kam[31] und – losgelöst vom Kontext seines Entstehens – auf viel Unverständnis stieß. Gemeinsame deutsch-französische Überlegungen kamen auf der Grundlage des Plans nicht zustande. Als Außenminister Willy Brandt seinen Kollegen Couve de Murville auf die Studie ansprach, winkte der ab. Damit war die Sache politisch erledigt.

Wenn man die Vorschläge und ihre Begründungen heute liest, stellt man fest, daß einiges – die Schaffung einer militärisch verdünnten Zone und ihre Entnuklearisierung – bis heute in der Diskussion blieb und auch weiterhin umstritten ist, während anderes, insbesondere allgemeine Abrüstungsmaßnahmen und deren Kontrolle sowie weitere vertrauensbildende Maßnahmen, verwirklicht wurde. Geblieben ist die

Forderung, von der die Studie ausgeht: «eine Neuordnung Europas, die den Erfordernissen der Stabilität, des Gleichgewichts und der Sicherheit gerecht zu werden vermag».

Diesem Ziel, das heute aktueller ist als damals, diente vor allem die dritte Stufe des Pariser Modells, die unter der Überschrift «Die Zusammenarbeit» stand und deren politische Zielsetzung folgendermaßen umschrieben wurde: «Es ist der erklärte Zweck dieses Sicherheitssystems, einen Rahmen für die deutsche Einheit abzugeben. Wenn man von dem Gedanken ausgeht, daß ohne Fortschritte in der deutschen Frage weder eine echte Entspannung noch eine Stabilisierung in Europa zu erreichen ist, so darf andererseits dieses neue Deutschland weder zu einem Vakuum werden, das fremde Kräfte anzieht, noch zu einem Machtzentrum, welches das europäische Gleichgewicht erschüttern müßte. Diese Imperative machen eine solide Struktur erforderlich, in die Deutschland eingebettet ist (ähnlich wie die beiden Teile Deutschlands heute in ihren Bündnissen gebunden sind). Die Nachbarn Deutschlands müssen echte Garantien in dieser Hinsicht erhalten, gleichzeitig gilt es aber, mehr als 20 Jahre nach Kriegsende, jede Diskriminierung Deutschlands zu vermeiden. Eine nur auf Deutschland bezogene Lösung ist deshalb nicht denkbar; in einem größeren Rahmen müssen alle Mitgliedsländer die gleichen Verpflichtungen übernehmen und die gleichen Rechte haben.»

Als eine mögliche, im Konsens erreichbare Form der deutschen Einheit wurde im französischen Modell dann folgendes vorgeschlagen:

«Es gilt klarzustellen, was hier unter ‹Wiedervereinigung› zu verstehen ist. Es kann natürlich nicht in Frage kommen, die beiden Hälften einfach miteinander zu verschmelzen (durch gesamtdeutsche Wahlen, aus denen eine Zentralregierung hervorgehen würde). Angesichts der sehr unterschiedlichen politischen, wirtschaftlichen und sozialen Entwicklung beider Regimes und auch der – heute weniger als zur Zeit des Baus der Berliner Mauer begründet erscheinenden – Befürchtung, die DDR könnte von der größeren und reicheren Bundesrepublik ‹geschluckt› werden, ist es notwendig, einen Oberbau für die beiden Teilstaaten zu schaffen, die voneinander unterschieden bleiben müssen. Wir kennen das historische Beispiel des Deutschen Bundes, der auf dem Wiener Kongreß 1815 geschaffen wurde, 50 Jahre lang die innere Stabilität und das europäische Gleichgewicht gewährleistet hat und erst durch die Machtpolitik Bismarcks zerbrochen wurde. Dank eines abgewogenen Kräfteverhältnisses und des Einvernehmens der damaligen ‹Supermächte› (Österreich und Preußen) gewährleistete dieser Bund das Nebeneinander sehr ungleicher Staaten.

Ein neuer Deutscher Bund mag deshalb die beste und erfolgversprechendste Lösung sein. Eine vorbereitende Konferenz der vier Mächte und der anderen direkt interessierten Staaten könnte die völkerrechtlichen und außenpolitischen Grundlagen schaffen; gleichzeitig hätten die Behörden von Bonn und Ost-Berlin über die praktische Durchführung dieses Planes zu verhandeln.»

Diese französischen Überlegungen waren seinerzeit darum so aufschlußreich, weil sie drei Grundsätze de Gaulles in praktische Vorschläge umsetzten und bei ihm selbst keinen Widerspruch fanden:

Er sah eine dauerhafte Lösung der deutschen Frage erst nach einem Auseinanderrücken der Militärblöcke.

Innerhalb des europäischen Sicherheitssystems, das an ihre Stelle treten sollte, war kein Platz für ein neutrales Deutschland. Es sollte vielmehr zusammen mit seinen Nachbarn und in enger Verbindung mit Frankreich ein Sicherheitssystem bilden, das von einer amerikanischen Garantie geschützt war.

Und die Einheit der deutschen Nation sollte sich in einer Konföderation vollziehen, deren politisches Gewicht für die Nachbarn erträglicher war als ein Zentralstaat. Es ist daran zu erinnern, daß es damals noch keine Helsinki-Konferenz und keine KSZE-Akte und -Prozedur für 35 europäische Staaten gab.

Ein «Deutscher Bund» in einem «Europa vom Atlantik zum Ural»

Da de Gaulle für seine Vision eines «europäischen Europa» eine Entwicklung in langen Zeiträumen voraussah, ging er natürlich nicht nach einem festen Plan, einer Art Blaupause, vor, sondern ließ verschiedenen Möglichkeiten, die zu diesem Ziel führen konnten, ihren Spielraum. Wir haben gesehen, wie er diese Möglichkeiten nacheinander aufgriff. Zunächst hatte er mit einer politischen Konstruktion Westeuropas beginnen wollen, einer «Europäischen Union», die auch – innerhalb eines erneuerten Atlantikpakts – ein System gemeinsamer Verteidigung entwickeln sollte. Als er dafür keine Partner fand, hatte er den deutsch-französischen Vertrag als Embryo einer späteren europäischen Organisation geschlossen; denn auf einer deutsch-französischen Grundlage sollte das westeuropäische Haus ja auf jeden Fall stehn, und die Deutschen sollten alle Vorteile eines Juniorpartners haben. Als er auch damit nicht weiterkam, wandte er sich dem Osten zu – ohne das (west-)europäische Ziel aus dem Auge zu verlieren. Beide Bewegungen gehörten zusammen. Wie sie sich ineinanderfügten, das überließ er, soweit es möglich war, der Zeit. Wichtig war immer, daß sich die Elemente des Plans nicht zu weit voneinander entfernten, sondern möglichst in der gewünschten Richtung entwickelten.

Dabei waren zwei Grundströmungen wichtig: eine gewisse Distanzierung Europas von den USA, die aber keineswegs zum Bruch oder zur Aushöhlung der Atlantischen Allianz führen durfte. Ein Abkoppeln lag nach seiner Analyse auch nicht im amerikanischen Interesse und stellte darum aus seiner Sicht keine ernste Gefahr dar. Und nach Osten begünstigte er jede Entwicklung zu Entspannung und Zusammenarbeit, in deren Folge er eine stärkere Selbstbesinnung der im Ostblock mit Rußland vereinten kleineren europäischen Nationen erwartete und durch sie eine Lockerung, schließlich vielleicht eine Auflösung des östlichen Gefüges. Langfristig schien sie ihm unvermeidlich, weil er nicht an die Dauerhaftigkeit der östlichen Ideologie glaubte, während er dagegen von der Lebenskraft der Nationen überzeugt war.

Innerhalb dieses Schemas beurteilte er die deutschen Entwicklungen und Partner, denen er begegnete.

Kein Zweifel, daß er mit Abstand vor allen Konrad Adenauer bevorzugte aus Gründen, die hier schon dargelegt sind (S. 92–95), und weil er in ihm einen unerschütterlichen Freund Frankreichs gefunden hatte. Darum hatte er zunächst mit ihm und mit keinem anderen Ende Juli 1960 so offen seine Europa-Politik erörtert. Er hatte nach diesem Gespräch aber auch die Grenzen gesehen und sehen müssen, die Adenauer an einem vorbehaltlosen Zusammengehen mit ihm hinderten. Es war ein „amerikanischer Vorbehalt", der auf Adenauers Einschätzung der unmittelbaren deutschen Interessen beruhte. Er entzündete sich an den Verteidigungsfragen, konkret an dem Punkt, der in seiner eigenen Aufzeichnung für das Gespräch mit Adenauer 1960 in Rambouillet so lautet: «Europa muß die völlig neuen Grundlagen vorschlagen, auf denen die Atlantische Allianz aufgebaut werden soll.»

Adenauer hatte ihm spätestens einige Tage nach dem Gespräch deutlich gesagt und sagen lassen, daß er solche Überlegungen für unzeitgemäß und gefährlich halte.

So erklärt es sich, daß de Gaulle Ende September seinen Premierminister Debré anwies, der Bundesrepublik gegenüber in Fragen der Neuordnung der Atlantischen Allianz «sehr vorsichtig vorzugehen. Es ist erklärlich», so fuhr er fort, «daß Deutschland wenig bereit ist zu einer Reform, die den Amerikanern mißfällt. Für die Deutschen stellt sich die Frage des Umschmelzens des Bündnisses ohnehin erst, wenn der Beginn einer politischen Konstruktion Europas gemacht ist.» Und er fügte noch eine persönliche Charakterisierung hinzu: «Adenauer ist in Wirklichkeit nicht so europäisch wie es scheint. Ich bedaure, daß ich so offen mit ihm gesprochen habe.»

Dieses überraschende Urteil erklärt sich leicht, wenn man bedenkt, daß de Gaulle von «Europäern» verlangte, sie müßten sein «europäisches Europa» bejahen, also ein selbstbewußtes Europa, das sich von Amerika emanzipierte. Wie sollte Adenauer mitten in der Berlin-Krise an eine Emanzipation von Amerika denken? Daß aber de Gaulle auch diese Distanzierung der Deutschen von den USA und der von ihnen geführten NATO nicht nur anstrebte, sondern voraussah, zeigte sich im letzten Gespräch de Gaulles mit Adenauer, im März 1966, drei Jahre nach Adenauers Rücktritt von der Regierung und ein Jahr vor seinem Tod. Nicht nur wegen des Datums, sondern auch wegen der ganzen, von de Gaulle in diesem Gespräch gewählten Tonart und der Höhe der Betrachtung hat es fast testamentarischen Charakter. Seine wichtigsten Sätze wurden schon zitiert (S. 32). Hier noch einmal der Zusammenhang, bei dem wieder zu beachten ist, daß de Gaulle wenige Tage zuvor den Austritt Frankreichs aus der NATO in einem Brief an US-Präsident Johnson und in Mitteilungen an die anderen Verbündeten begründet hatte.

«Ich will Ihnen genau sagen», so äußerte sich de Gaulle, «was ich zutiefst denke und warum wir unsere Souveränität über unser Territorium zurückhaben wollen. Wir tun das jetzt. Deutschland wird es eines Tages auch tun. Länder wie unsere können nicht immerfort in einem System leben, in dem sie nicht über sich selbst verfügen. Auf die Dauer haben sie kein Vertrauen in diese Systeme, und ihre Regierungen sind nicht von Dauer, wenn diese Länder nicht unabhängig sind. Darum verfügen wir nun wieder über uns selbst. Wir sind für die Allianz, man muß sie erhalten, und Sie und wir müssen uns innerhalb dieser Allianz näherkommen. Aber wir in Frankreich können keine Integration unter amerikanischem Befehl hinnehmen.»

Daraufhin sprach Adenauer den Wunsch aus, Europa möge sich «unter französischer Führung bilden». Nur dann, so meinte er, würden sich die Beziehungen zu den USA wandeln. Er selbst, de Gaulle, müsse «der Chef Europas bleiben».

Er danke dem Kanzler für dieses Wort, er sei gerührt, aber er mache sich keine Illusionen, lautete die Antwort de Gaulles. «Frankreich ist da. Es wächst wieder. Deutschland auch. Aber Frankreich hat nicht die Mittel, die Führung Europas auszuüben. Europa, das ist eine Gemeinschaftsaufgabe, für die Franzosen und Deutsche zusammen gebraucht werden. So will es der gesunde Menschenverstand. Jeder für sich allein hat nicht die Mittel und Fähigkeiten, Europa zu führen. Aber gemeinsam können wir das schaffen. Wir müssen Hand in Hand marschieren. Daß die wirtschaftlichen Interessen nicht unbedingt übereinstimmen, ist kein grundlegendes Hindernis. Es stimmt, daß Sie durch die Sowjets in zwei Teile gespalten sind. Das ist eine besondere Lage, aber das muß eines Tages aufhören. Das freie Europa kann sich nicht zusammenfinden ohne eine tiefe Übereinstimmung zwischen unseren beiden Ländern ... Zu diesem unserem Ausgangspunkt muß man immer wieder zurückkehren, oder man muß sich damit abfinden, daß sich Europa nicht bilden kann. Die wesentliche Bedingung für den Erfolg ist die Gemeinsamkeit unserer beiden Länder.»

Am Schluß sprachen beide noch über die bevorstehende Reise de Gaulles in die Sowjetunion. «Die Russen gehen sehr höflich mit mir um, das entspricht ihrer Politik. Ich weise ihre Freundlichkeiten nicht zurück, aber ich werde kein grundlegendes politisches Abkommen mit ihnen schließen. Wahrscheinlich werden wir die wissenschaftlichen und kulturellen Beziehungen verbessern. Sicher werden wir über Deutschland sprechen, wie es auch in der Vergangenheit immer der Fall war. Wir (Franzosen) gehen davon aus, daß es eines Tages ein europäisches Übereinkommen geben muß, das dann der Schlüssel zur Wiedervereinigung Deutschlands sein wird. Ich habe es den Sowjets immer gesagt, und ich werde es wieder sagen.»

Adenauer knüpfte daran die Bitte: «Wenn Sie während Ihrer Reise in der Sowjetunion etwas dafür tun können, daß sich die Härte der menschlichen Beziehungen zwischen den Deutschen in der Ostzone und uns etwas mildert, würden Sie uns einen großen Dienst erweisen. Die Art, wie Passierscheine gewährt werden, das Verhalten der Grenzposten, die Schießereien, wenn einer die Grenze zwischen beiden Deutschland überschreiten will, das alles sind beklagenswerte Zustände.»

Man könnte mit diesen Ausblicken die Betrachtungen über Platz und Rolle der Deutschen in der Politik de Gaulles «zwischen Atlantik und Ural» schließen. Aber da hier der Punkt erreicht ist, an dem die historische Sicht, aus der er die europäische und die deutsche Zukunft betrachtete, den Vergleich mit der Gegenwart herausfordert, noch folgende Hinweise:

Für General de Gaulle war die Frage der Wiedervereinigung Deutschlands ein Problem, das sich weit in der Zukunft erst stellte, in geschichtlichen Zeiträumen. Auch wenn er 1959 sagte, «die Wiedervereinigung der beiden Teile zu einem einzigen Deutschland, das völlig frei sein würde, (sei) das normale Schicksal des deutschen Volkes», und als er eine Politik der praktischen Annäherung und Zusammenarbeit empfahl, «bis dieses Ideal erreicht sein wird», immer sah er eine sehr lange Frist vor sich, die erst zu Ende gehen konnte, «wenn die Sowjetunion wieder Rußland ist», was 1959 eine rein theoretische Perspektive war. Sein Biograph Lacouture meint, daß die Kennzeichnung der Wiedervereinigung als «Ideal» auf «sehr lange Fristen» hinweise. Wenn de Gaulle den Sowjets immer wieder sagte, man dürfe die Deutschen nicht ohne die Perspektive einer Wiedervereinigung lassen, aber das sei bei ihm «kein heißer und dringender» Wunsch, dann kann man sich nach dem französischen Sprachgebrauch sogar fragen, ob die Kennzeichnung «nicht dringend» wohl einfach gleichbedeutend war mit einem höflich verkleideten «niemals». Aber die eigenen Beobachtungen sowohl wie die Ansichten aller, die ihm nahestanden oder seine Deutschlandpolitik sorgfältig verfolgten oder nachzeichneten, stimmen darin überein, daß für ihn «die deutsch-französische Aussöhnung unwiderruflich war». Auf diese Unwiderruflichkeit hatte er noch wenige Tage vor seinem Verzicht auf die Regierung Ende April 1969 die französische Außenpolitik gegründet, und zwar geschah das in einem Gespräch mit Maurice Schumann[32], den er beim günstigen Ausgang des Referendums, an dem er scheiterte, zum Außenminister machen wollte. Er hatte gemahnt, daß sich «keine andere Außenpolitik für Frankreich denken lasse» und hatte das nach dem Bericht Schumanns in «einem testamentarischen Ton gesprochen». Kurz, man kann in den Grundfragen der deutsch-französischen Politik von seiner loyalen Haltung ausgehen.

Aber man muß auch davon ausgehen, daß er für lange Zeit eine Überlegenheit der französischen politischen Position gegenüber der deutschen voraussah und – gerade auch im Falle einer Wiedervereinigung – ein Gleichgewicht, das er aufrechterhalten sah durch mehrere Elemente:

Die deutsche Wiedervereinigung sollte in seiner Vorstellung nie zu einem Zentralstaat führen, und als solche sah er wohl auch eine gesamtdeutsche Bundesrepublik an, sondern zu einer «deutschen Konföderation aus zwei oder drei autonomen Teilen».

Ihr wirtschaftliches Gewicht sollte durch den auf mehrere internationale Gegebenheiten gegründeten «Rang» Frankreichs ebenso wie durch den Besitz der Atombombe ausgeglichen werden.

Und schließlich sah er wohl auch immer noch eine Art Rückversicherung im gemeinsamen Interesse Frankreichs und Rußlands an einer Kontrolle der deutschen Entwicklung.

Mitterrand und de Gaulle

Hier lassen sich Elemente finden, die auch in Mitterrands Politik heute auftauchen. Ein Unterschied zwischen beiden ergibt sich dadurch, daß de Gaulle die Bedeutung wirtschaftlicher Stärke im internationalen Leben leicht unterschätzte, während Mitterrand mit der Stärke der D-Mark schon heute ständig konfrontiert ist und gleichzeitig sehen muß, daß sich das politische Gewicht der französischen Atom-Waffen relativiert. Wenn man in Paris eine Kalkulation haben sollte, die auf einer Gleichung Bombe = DMark beruht, könnte sie also revisionsbedürftig werden.

Man darf sich auch fragen, ob General de Gaulle im Falle der ersten Anzeichen für eine deutsche Wiedervereinigung ein spektakuläres Treffen mit dem sowjetischen Partei- und Staatschef (wie Mitterrand am 6. 12. 1989 in Kiew) gesucht hätte, um damit die Möglichkeit einer separaten französischen Ostpolitik zu demonstrieren. Schließlich hatte de Gaulle ja gerade im Hinblick auf «die Beendigung des herrschsüchtigen Strebens einer überholten Ideologie im Osten» und der dadurch möglichen Herstellung eines neuen Gleichgewichts «im wesentlichen eine einzige und gleiche deutsch-französische Politik» gefordert (S. 107).

Ein eindeutiger Unterschied der beiderseitigen Konzeption liegt aber in den Sicherheitsfragen. Ausgangspunkt des gaullistischen Denkens für die europäische Entwicklung war immer der Wunsch nach Auflösung der Militärblöcke und damit nach dem Abzug der Amerikaner, jedoch ohne die Auflösung des atlantischen Bündnisses. Auch dafür sah er längere Zeiträume vor, doch hätte er die ersten Etappen gern noch erlebt. Mitterrand dagegen hat immer eine «Abkoppelung Europas von den USA» gefürchtet. Pierre Maillard, der langjährige diplomatische Berater de Gaulles, sieht dessen Vorstellungen dagegen so: «Seine Idee war, daß (nach Festigung der Entspannung) der eventuelle Abzug der Amerikaner aus Europa in gewisser Weise ‹erkauft› werden könne mit dem Verzicht der Russen auf die DDR, der die Wiedervereinigung Deutschlands ermöglicht hätte . . .». Nach Maillard wäre dann ebenfalls ein Sicherheitspakt möglich geworden, dessen einen Pfeiler Rußland gebildet hätte, dessen zweiter im Westen im wesentlichen durch eine deutsch-französische Gruppierung und in Anlehnung an die USA entstanden wäre. In der europäischen Gruppierung hätte nur Frankreich über Atomwaffen verfügt.

Das war weit entfernt von der Sicht Mitterrands, der noch keine Voraussetzungen für ein neues europäisches Sicherheitssystem sieht und auch wenig tut, um sich ihm zu nähern. Es würde ein stärkeres militärisches Engagement Frankreichs verlangen. Zwar zeichnet sich in Mitterrands Stellungnahmen die Tendenz ab, den politischen Einfluß der USA in einem neuen Sicherheitssystem zu begrenzen. Aber die Präsenz von US-Truppen scheint ihm doch unverzichtbar. De Gaulle hätte sich wohl auch mit Stäben und Vorauskommandos begnügt. Auf jeden Fall sah er militärischen Lösungen mit größerem Selbstvertrauen entgegen. Dabei hatte er so wenig wie Mitterrand irgendwelche Pläne für eine Ausdehnung des Schutzes durch die französischen Atomwaffen auf Europa.

Man kann davon ausgehen, daß auch er im Falle einer schnellen Auflösung der kommunistischen Regime in Mitteleuropa, wie sie im Herbst 1989 Bewegung in die deutschen Dinge brachte, eine Abstimmung der gegenseitigen Interessen mit Moskau gesucht und die Rolle der vier Siegermächte bei der Regelung der deutschen Frage stark unterstrichen hätte. Im Februar 1966 sagte er in einem Exposé vor einem Regierungs-Ausschuß für außenpolitische Fragen:

«Die Deutschen fühlen heute elementare Kräfte wachsen und sind von neuem Ehrgeiz erfüllt. Was uns betrifft, wir machen ihre wachsende Dynamik nicht zu unserer Sache. In Sachen der Wiedervereinigung Deutschlands ist unsere Position bekannt. Wir betrachten sie als wünschenswert auf Zeit unter der Voraussetzung, daß sie verwirklicht wird wie es sein muß, das heißt durch eine Übereinkunft mit allen, die Deutschland besiegt haben. Die Wiedervereinigung wird das Ende der aus der Niederlage entstandenen Situation sein, und zwar durch Übereinkunft zwischen den Siegern. Alles andere ist Gerede, aber nicht praktische Politik. Wir sind bereit, uns an ihren Anstrengungen für die Wiedervereinigung zu beteiligen, wenn sie das tun, was sie tun müssen, um sie zu erlangen.»

Eine enge Abstimmung unter den vier Mächten, die ihre Rechte in bezug auf «Deutschland als Ganzes» geltend machen können, war damit selbstverständlich. Viel weniger selbstverständlich ist es, daß de Gaulle in bezug auf die Abstimmung mit Moskau in so dramatischer – oder nervöser – Weise vorgegangen wäre wie Mitterrand, der zunächst, Ende November 1989, seinen Außenminister Dumas zu Generalsekretär Gorbatschow schickte und dann selbst, Anfang Dezember, zu ihm nach Kiew flog. Und die Vorstellung, de Gaulle hätte sich, um eine SED-Regierung und die Eigenstaatlichkeit der DDR zu stabilisieren, nach dem Fortgang Erich Honeckers über den Rat seiner Diplomaten hinweggesetzt und sich um eine schnelle Begegnung mit Egon Krenz oder jedem anderen Nachfolger bemüht, ist absurd. Im ganzen kann man wohl sagen: Wie bei de Gaulle die historische Erinnerung weiter zurückreichte, so ging auch der Blick in die Zukunft weiter nach vorn als bei jedem anderen Politiker seines Landes. Und man darf sich vorstellen, er hätte als erster und als unüberhörbare Stimme Europas die Freiheit begrüßt, die mit der Öffnung der Symbol gewordenen Berliner Mauer nun wieder vom Atlantik bis weithin zum Ural ihre Flügel zu spannen beginnt.

Aber auch bei de Gaulle hatte der Zusammenschluß Westeuropas Vorrang vor der deutschen Wiedervereinigung. Eine handlungsfähige politische Organisation Westeuropas sollte – darin wieder ist Mitterrands Politik der seinen ähnlich – der Konstruktion seines «Europa vom Atlantik zum Ural» vorausgehen, so wie Mitterrand die Festigung Westeuropas als Vorbedingung für den Bau jenes «gemeinsamen europäischen Hauses» sehen möchte, das Michail Gorbatschow vorschlägt und dessen Möglichkeiten sich heute vorsichtig abzeichnen mögen. General de Gaulle sah diese Priorität der westlichen vor der gesamteuropäischen Konstruktion in seiner, der harten Wirklichkeit oft entrückten Sprache folgendermaßen:

«Wir Europäer sind Erbauer von Kathedralen. Wir haben uns viel Zeit dafür genommen, wir haben viel Kraft darauf verwandt, schließlich aber sind wir zum Ziel gelangt; vor allem Köln ist dafür ein Zeuge. Und jetzt nehmen wir, Sie und wir, den Bau Westeuropas in Angriff. Oh, welche Kathedrale! Wir haben indessen allen Grund, anzunehmen, daß wir nicht ebensoviel Zeit brauchen werden – Jahrhunderte waren das Zeitmaß! – und daß wir nicht ebensoviel Anstrengungen machen müssen, weil die heutige Zeit denen, die bauen, Materialien, Methoden und Werkzeuge liefert, die unsere Väter gewiß nicht hatten. Nun, diese Kathedrale, die wir bauen, hat ein Fundament, und dieses notwendige Fundament ist die Aussöhnung Deutschlands und Frankreichs. Sie hat Pfeiler, oder sie wird Pfeiler haben, und diese Pfeiler sollen von der Europäischen Wirtschaftsgemeinschaft gebildet werden. Und dann, wenn das getan ist, müssen die Gewölbebogen ausgeführt und das Dach aufgesetzt, das heißt, die politische Zusammenarbeit unternommen werden ... Wenn wir es verwirklicht haben, dann werden wir es nicht für uns allein, wir werden es auch für andere getan haben, falls sie sich zu den Sechs gesellen, um diese Versammlungsstätte zu nutzen. Und wer weiß, vielleicht haben wir, wenn wir es erreicht haben, Geschmack daran gefunden, solche Monumente zu bauen. Vielleicht wollen wir dann und können wir dann eine noch größere und noch schönere Kathedrale bauen, ich will sagen: die Einheit ganz Europas.»

12. Jeanne d'Arc, Don Quichotte, Machiavelli ... und Roland

Natürlich verbarg sich hinter dem Festredner, der vom «großen deutschen Volk» und vom gemeinsamen «Bau von Kathedralen» sprach, auch ein kalter Rechner. «Der härteste, klarste und kälteste Politiker der Welt», das war er jedenfalls für Bundesaußenminister Gerhard Schröder[33], der ihn skeptisch betrachtete und auch von ihm skeptisch beurteilt wurde. Tatsächlich war in diesen beiden Politikern nicht die deutsch-französische Faszination, sondern eher die ja auch vorhandene deutsch-französische Polarität verkörpert.

Wer wird sich über solche Kälte, über den gelegentlichen Zynismus wundern? Natürlich war de Gaulle «ein Mensch mit seinem Widerspruch». Zu welchem Thema, zu welcher Frage er sich auch äußerte, fast immer wird man feststellen können, daß er sich selbst gelegentlich widersprach. Gerade in deutsch-französischen Angelegenheiten ist es nicht nur wichtig, die Epochen und die Zusammenhänge zu beachten, in denen er sich äußerte, oft gibt erst der Vergleich von Worten und Taten die Möglichkeit, seine Haltung genau zu bestimmen. Zu Alfred Grosser hatte er 1962 gesagt, Deutschland sei «endgültig geteilt ... soweit etwas ‹endgültig› ist ... Sie wissen besser als ich, daß es immer zwei Deutschlands gab.»[34] Willy Brandt berichtet von einem Gespräch mit de Gaulle im Dezember 1966, als er selbst Außenminister geworden und de Gaulle im Kreml gewesen war: «Frankreich kenne den deutschen Wunsch nach Wiedervereinigung und erhebe dagegen nicht nur keine Einwände, sondern teile diesen Wunsch». Er habe auch in Rußland erklärt, «es gebe keine zwei deutschen Staaten, sondern nur ein deutsches Volk». Tatsächlich wird diese Bemerkung ja von Teilnehmern der Kreml-Szene bestätigt. (S. 57) Im übrigen muß es zwischen diesen Erklärungen und der Bemerkung gegenüber Grosser keinen Widerspruch geben, solange man davon ausgeht, daß die Sowjetunion keine Wiedervereinigung zuläßt – obwohl «Frankreich sie wünscht».

«De Gaulle ist ein Gebirge, das man nicht ohne Mühe besteigt und nicht ohne ein Schwindelgefühl betrachtet», sagt sein Biograph Lacouture, der drei dicke Bände von zusammen 2500 Seiten auf diese Lebens- und Personenbeschreibung verwandt hat. Es gibt viele Versuche, eine Porträtskizze in wenigen Sätzen oder Worten zu geben. Immer geht es darum, die Widersprüchlichkeiten einzufangen. Mir ist das Wort eines deutschen Diplomaten im Gedächtnis geblieben, der in de

Gaulles Wesen und in seinem Auftreten «eine Mischung aus Jeanne d'Arc, Don Quichotte und Machiavelli» zu entdecken glaubte. Das läßt sich hören.

... der de Gaulle, von dem man Geschichte erwartet

Warum Jeanne d'Arc? Der Vergleich mit dem lothringischen Bauernmädchen, das Orleans befreite, wurde sehr früh gezogen und erhielt eine gewisse Bestätigung durch die Wahl des Symbols, das de Gaulle den «Freien Franzosen» gab, das lothringische Kreuz mit dem Doppelbalken. Es gibt einen Bericht, nach dem er selbst zum Vergleich mit der legendären Figur des Mädchens Stellung nahm. Vernon Walters, der 1959 das Gespräch de Gaulle–Eisenhower dolmetschte (S. 38), registrierte folgende Bemerkung de Gaulles: «Roosevelt glaubte, daß ich mich für Jeanne d'Arc hielt. Er irrte. Ich hielt mich einfach für den General de Gaulle».[35] Und Walters fügt hinzu: «Der Ton, in dem er das sagte, ließ klar erkennen, daß er sich darum keineswegs für weniger wichtig hielt.» Man darf hinzufügen: «auch nicht weniger inspiriert». Die Stimmen, auf die er zu hören gezwungen war, sind die heimlichen Gebote jener historischen Figur, die die Geschichte des Zweiten Weltkrieges aus ihm selbst gemacht hatte und von der er selbst gelegentlich in der dritten Person sprach: «Es gibt den de Gaulle, der in mir ist, an diesem Tisch, den armen Menschen de Gaulle, und dann gibt es den de Gaulle, von dem man Geschichte erwartet.» So steht es im Bericht eines Mannes, der ihn als Direktor der Amerika-Abteilung des Quai d'Orsay 1967 nach Kanada begleitete, des Botschafters Jean-Daniel Jurgensen. Er hatte ihn im Flugzeug während des Rückflugs auf den Ausruf «Es lebe das freie Quebec» angesprochen, mit dem de Gaulle in Montreal die Franzosen Kanadas zu Beifallstürmen hingerissen, aber die kanadische Regierung zum Abbruch des Staatsbesuchs veranlaßt hatte. Die Antwort, die Jurgensen registrierte, setzte sich so fort: «Wenn der Mensch de Gaulle den historischen de Gaulle betrachtet, dann weiß er, daß dieser historische de Gaulle sich so verhalten muß, wie man es von ihm erhofft. Was macht's da schon, wenn der Mensch de Gaulle dafür Schläge einstecken muß? Die Pflicht des Menschen de Gaulle, Sie verstehen, die Pflicht des de Gaulle, der bald sterben wird, war es, diesen Satz (von dem ‹freien Quebec›) zu sprechen.»[36] – Seinem langjährigen Mitarbeiter und Vertrauten während der Zeit des inneren Exils, Olivier Guichard, hatte er einmal anvertraut, daß er erschrokken gewesen sei, als er im Sommer 1942 in Afrika zum ersten Mal eine Menge seinen Namen skandieren hörte: «Von dem Augenblick an wußte ich, daß ich mit diesem Mann nun immer zu rechnen hätte.»[37]

Der historische de Gaulle hatte dem Menschen de Gaulle auch klar gemacht, daß Frankreich ein «enormes Land» ist, das ohne «Grandeur» nicht leben kann. Doch war das auch schon vor der Londoner Epopée sein politisches Glaubensbekenntnis gewesen, die «gewisse Idee», die er sich «zeit seines Lebens von Frankreich gemacht» hatte: Es war ihm wie ein «Heiligenbild in den Mauerfresken» vorgekommen, wie eine «Prinzessin im Märchen, von der Vorsehung geschaffen für große Leistungen oder beispielloses Unglück». Und natürlich reihte sich in diese Ikonensammlung auch das lothringische Hirtenmädchen ein, das dem König von Frankreich den Weg zur Krönung in Reims bahnte und seinem Heer den Glauben an sich selbst wiedergab ... wie es mehr als fünf Jahrhunderte weiter der historische General de Gaulle auch zu tun hatte.

Ein Ritter im 20. Jahrhundert?

Warum Don Quichotte? Gemeint ist hier natürlich nicht die komische Figur, als die der «Ritter von der traurigen Gestalt» in Deutschland gern gesehen wird. Gemeint ist die tragische Gestalt, die Cervantes als einen späten Nachfahr des Rittertums schuf und für den in der Welt, in die er hineingeboren wurde, kein Platz mehr war. De Gaulle selbst sah die Dinge oft viel skeptischer, als es die schönen Parabeln von den deutschen und französischen Kriegern, «die sich, vom Kampf erschöpft, aufeinander stützen», oder der Vergleich der europäischen politischen Konstruktionen mit Kathedralen erkennen lassen oder gar die beschwörenden Formeln von der «Bestimmung zur Größe» des französischen Volkes. Seine Meinung über die Franzosen, die seine Zeitgenossen waren, drückt sich in zahlreichen Bemerkungen aus, von denen die bekannteste wohl die Frage ist: «Wie wollen Sie ein Volk regieren, das 328 Käsesorten fabriziert?» Aber es gibt auch viel härtere Urteile: Danach sind die heutigen Franzosen «voll von Hochmut und Hinterlist» und nicht besser als «Kälber, die in Chicago zum Schlachthof geführt und zu Konserven verarbeitet werden».[38] Und sein eigenes Epos, die Geschichte eines erfolgreichen Don Quichotte, der sich 1940 ohne Heer und im Exil aufmachte, Frankreich unter die Sieger einzureihen und sich eine deutsche Besatzungszone zu erkämpfen? Einmal, 1966, erklärte er seinem früheren Privatsekretär Claude Mauriac, daß eigentlich sein ganzes Leben «ein Fehlschlag»[39] gewesen sei. «Ich wollte Frankreich eine motorisierte Armee geben, und ich bin damit gescheitert. Ich habe das Kolonialreich in den Krieg führen wollen, und man hat in Dakar auf mich geschossen (ein Landungsversuch seiner «Freien Franzosen» wurde dort von den Truppen des Marschalls Pétain abgeschlagen). Ich habe den Alliierten (1942, während der Landung in Afrika) erklären wollen, daß weder Darlan (Vertreter Pétains) noch andere die Leute waren, die sie brauchten, und sie haben nicht auf mich gehört ...»

Und über Europa, dem in der letzten staatsmännischen Epoche seines Lebens die meiste Aufmerksamkeit galt, soll er kurz vor seinem Tode 1970 zu André Malraux etwas gesagt haben, was als romanhaft umschrieben, aber im Kern doch als echt gilt: «Wenn man den Untergang Europas erleben muß, dann lassen Sie uns doch zusehen. So etwas sieht man nicht alle Tage.»[40] Natürlich meinte er sein «europäisches Europa», vereint, selbstbewußt, eine dritte Kraft des Ausgleichs zwischen den Weltmächten. Er war wohl für sich selbst der letzte Repräsentant dieses Europas, so wie Don Quichotte sich als eine Art letzter Ritter sah.

Übrigens gibt es eine Anekdote, deren Wahrheitsgehalt nicht zu ermitteln ist. Sie wurde während der Regierungsjahre de Gaulles kolportiert. Sein langjähriger Mitarbeiter, Edmond Michelet, Minister in mehreren Regierungen, war eines Tages nach Spanien eingeladen worden, um dort einen Vortrag zu halten über einen außerhalb Frankreichs weniger bekannten Philosophen Alain (Pseudonym für Emile Chartier). Das Thema sollte lauten: «Alain und de Gaulle». Als er dem General davon berichtete, war die Antwort: «Aber Michelet, Alain, Alain, wer in Spanien wird denn Alain kennen? Sprechen Sie über ‹de Gaulle und Don Quichotte›. Das ist ein Thema!»

... Egoismus, Hochmut, Härte und List

Und Machiavelli? Da fehlt es nun wirklich nicht an Beispielen. Schon bevor er Gelegenheit hatte, «machiavellistische» Fähigkeiten als Politiker zu zeigen, beschrieb er sie als das notwendige geistige Rüstzeug von Menschen, die Führungsqualitäten beweisen sollen: In seinem frühen Buch über soldatisches (und sonstiges) Führertum liest man: «Der Mann der Aktion versteht sich nicht ohne eine starke Dosis Egoismus, Hochmut, Härte und List.» Und an anderer Stelle: «Der gute Stratege handelt unter einem dichten Schleier von Täuschungen.» Sein eigener Hochmut drückte sich am besten aus in der Verachtung, die er für andere hatte, nicht unbedingt für den einzelnen Menschen, vielmehr für bestimmte Kategorien: jedenfalls für Politiker im allgemeinen und Parlamentarier im besonderen. «Diese Leute können politisches Handeln nicht ohne Täuschung denken», sagt er von ihnen, und von den Militärs: «Was sie interessiert, sind Beförderungen und

Orden.» Wer immer ihm nahetrat mit einem Hinweis auf einen anderen französischen Regierungschef und dabei vielleicht auch noch von einem «Vorgänger» sprach, mußte auf die Zurechtweisung gefaßt sein: «De Gaulle hat keine Vorgänger.» Wie sollte ein beispielloses geschichtliches Ereignis auch Vorgänger haben?

Wie viele andere Politiker, auch die von ihm verachteten, war er ein Spieler, der die Hoffnungen und Ängste anderer in sein Kalkül einsetzte, der aber immer auch sich selbst, und oft mit vollem Risiko, in das Spiel einbezog. Ein Mann, der ihn sehr verehrte, der Schriftsteller François Mauriac, hat ihn eine «Shakespeare-Figur» genannt, und tatsächlich hätte er zwischen den Königsdramen – mit seiner List, seinem Spiel mit dem Schicksal, dem Umgang mit dem Tode, dem Sarkasmus und dem manchmal homerischen Gelächter, wenn es den Schwächen anderer galt – keine schlechte Figur gemacht.

Seine List? ... Aus der letzten großen Epoche seines Wirkens wird da immer eine Episode seiner Rückkehr an die Regierung im Gedächtnis bleiben, die in den Tagen des Machtwechsels 1958 manchem wie «eine Erpressung mit der Drohung des Bürgerkriegs» vorkam. So jedenfalls wird sein Verhalten von dem früheren Ministerpräsidenten Pierre Mendès France charakterisiert, als er, der keineswegs ein unversöhnlicher Gegner de Gaulles und auch von diesem mit Zustimmung zu seiner Regierungsarbeit bedacht worden war, ihm am 1. Juni 1958 seine Stimme zur Amtsübernahme und zu den verlangten Vollmachten verweigerte. Er warf ihm vor, durch «die Ankündigung eines organisierten Gewaltstreichs gegen die Vertreter des Volkes» ihre Entscheidung praktisch schon vor der eigentlichen Abstimmung erzwungen zu haben.

Was war geschehen? Das Ende der IV. Republik ist, wie man weiß, eingeleitet worden durch einen Aufstand von Algerienfranzosen, die am 13. Mai 1958 das Generalgouvernement, die Spitze der Zivilverwaltung in Algier, besetzten und nach revolutionärem Vorbild einen «Wohlfahrtsausschuß» gründeten, dem sich auch Offiziere anschlossen. Offizielle

Erklärung für diesen Akt des militärischen Ungehorsams: Man habe die Entwicklung unter Kontrolle halten wollen. Bald wurde auch in Algier nach de Gaulle gerufen; Anhänger des Generals versuchten, die Bewegung zugunsten seiner Rückkehr an die Regierung zu kanalisieren. Auf militärischer Seite wurde – gewiß nicht ohne Kenntnis der gaullistischen Kreise, denn der Gaullist Chaban-Delmas war Verteidigungsminister – eine Fallschirmlandung in Frankreich vorbereitet, am 24. Mai wurde sie auf der Insel Korsika auch durchgeführt. Die Pariser Regierung geriet immer mehr in Bedrängnis. Am 26. Mai traf sich der Ministerpräsident Pierre Pflimlin an einem privaten Ort mit de Gaulle, ohne daß ein Ergebnis erzielt wurde. Trotzdem teilte de Gaulle am nächsten Tag der Öffentlichkeit mit, er habe die notwendige «reguläre Prozedur» zur Bildung einer Regierung unternommen, und forderte die Armee auf, «sich exemplarisch unter den Befehlen ihres Chefs zu verhalten». Den Chefs der drei Waffengattungen, die er namentlich nannte, sprach er sein Vertrauen aus.

Bis dahin war jedes Übereinkommen zwischen der Regierung und ihm gerade daran gescheitert, daß er sich weigerte, seine persönliche Autorität bei der Armee für den unbedingten Gehorsam gegenüber der Regierung zu verwenden. Nun ließ er sich, am 28. Mai, durch einen Vertreter von General Salan, dem Oberbefehlshaber in Algier, von den Putsch-Vorbereitungen berichten, ihm wurde bestätigt, daß General Salan bei der ersten Welle des Überfalls auf die Hauptstadt selbst mit abspringen wolle. Er ließ sich Einzelheiten des Plans erläutern, vermied jede Meinungsäußerung und entließ die von General Dulac geleitete Delegation mit den sibyllinischen Worten, General Salan werde wissen, was er zu tun habe.

Die letzten Verhandlungen um die Regierungsübernahme spielten sich auf diese Weise in einer von de Gaulle bewußt unklar gehaltenen Situation ab. Darum der Vorwurf, er habe im Schatten einer Staatsstreichdrohung der Militärs die parlamentarische Zustimmung erhalten. Auch unter Kritikern einigte man sich damals auf das Urteil, der General habe zwar am Rande der Legalität operiert, aber auf diese Weise dem Land den Frieden bewahrt und letztlich «die Republik gerettet». Sein schon mehrfach zitierter Biograph Lacouture meint abschließend zu seinem Bericht über diese Vorgänge, «daß der Zweck zwar nicht die Mittel heiligt, daß aber die Mittel allein das erreichte Ziel auch nicht desavouieren können». Also: mildernde Umstände.

Das Talent, Nutzen aus Problemen zu ziehen, die auf anderen lasteten und sich dabei möglichst wenig selbst zu exponieren, verließ ihn auch später nicht. Hier zwei Beispiele, bei denen die Probleme seiner deutschen Bundesgenossen den Hintergrund bildeten. Während der von Chruschtschow entfachten Berlin-Krise (1958–1962) erwies er sich als der zuverlässigste Verbündete Adenauers, der sich an keinem Verhandlungsversuch mit Moskau beteiligte, um nicht das damals schwache Berlin-Statut einer weiteren Erosion auszusetzen. Aber er nutzte auch jede Gelegenheit, in Bonn Mißtrauen gegenüber den USA zu säen und erklärte auch intern seinen Beamten, daß man jetzt darauf aus sein müsse, die USA von ihrem überragenden Platz in der Bundesrepublik zu verdrängen und einen besseren Platz für Frankreich sicherzustellen. Dabei ging er nicht etwa schon darauf aus, die Bundesrepublik auch auf einen Austritt aus der militärischen Integration der NATO vorzubereiten (was sein fernes Ziel war), aber er wollte das Mißtrauen wachhalten, um es bei Gelegenheit zu nutzen. Gleichzeitig unterstrich er bei den Amerikanern sein Interesse an der amerikanischen Kontrollfunktion über die deutsche Verteidigung.

Während seines ersten Gesprächs mit Adenauer nach dem Bau der Berliner Mauer warnte er Adenauer: «Nach und nach werde Amerika der Mauer in Berlin zustimmen und damit der Teilung Deutschlands. Nach und nach werde Amerika einer gewissen Neutralisierung Deutschlands zustimmen, weil es akzeptiere, daß die deutschen Streitkräfte niemals nuklear ausgerüstet würden. Schließlich werde Amerika, um in den

Luftkorridoren und beim Zugang nach Berlin keinen Ärger zu haben und weil es so viel praktischer sei, die ostdeutsche Republik in der einen oder anderen Form anerkennen, und so würden sich die Dinge weiter entwickeln.»[41]

Adenauer schrieb diese Worte in seinen «Erinnerungen», das macht der Zusammenhang deutlich, nicht ohne Skepsis nieder. Weder das Vorgehen der Amerikaner noch diese Art, Zweifel an ihnen zu säen, erweckten sein Vertrauen.

Übrigens: ... Amerika werde nach und nach akzeptieren, «daß die deutschen Streitkräfte niemals nuklear ausgerüstet würden». In diesem Punkt trieb de Gaulle jahrelang ein großes Verwirrspiel. Zu den Eckwerten seiner Politik «zwischen Atlantik und Ural» gehörte die Vorstellung, daß Deutsche nie über Atomwaffen verfügen dürften, worauf die Bundesrepublik ja auch bei Abschluß der Westverträge von sich aus verzichtet hatte. Als sich Bonn dann ab 1963 an Verhandlungen um einen Gemeinschaftsbesitz von Atomwaffen durch die NATO-Partner im Rahmen einer Multilateral Force (MLF) beteiligte, verfolgte er diese Verhandlungen mit wachsendem Argwohn und ließ darüber die deutsch-französischen Beziehungen fast einer Krise zutreiben. Als die MLF gescheitert war, betrachtete er dieses Ergebnis auch als einen persönlichen Erfolg. In dieser ganzen Zeit tauchten aber immer wieder Versuchsballons, oft von gaullistischen Abgeordneten, auf, die eine deutsche Beteiligung an der französischen Atomstreitmacht möglich erscheinen ließen oder doch eine spätere Ausdehnung des französischen Atomschirms bis zur Elbe. Er selbst wurde sowohl von Adenauer wie von Erhard auf solche Überlegungen angesprochen und gab Antworten, die diese Möglichkeit – im Gespräch mit Erhard sogar eine automatische Möglichkeit – nicht ausschlossen unter der Voraussetzung, daß sich die Bundesrepublik inzwischen klar an seiner Politik eines «europäischen Europa» (die ja selbst nicht klar definiert war) beteiligt habe.

Tatsache ist wohl, daß die «force de frappe» immer nur als Abschreckungswaffe zur Verteidigung des «Sanktuariums»

Frankreich konzipiert war. Sein langjähriger Verteidigungsminister Pierre Messmer, 1983 Ko-Autor eines Buches über «Die militärischen Schriften von Charles de Gaulle», stellt darin die Frage: «Ist als Weiterentwicklung des gaullistischen Denkens auch der atomare Schutz eines Westeuropa denkbar, das eine Konföderation von Staaten bildet, von amerikanischer Vormundschaft und Präsenz frei, aber mit Amerika verbündet ist und das, aus einer Position der Stärke heraus, Brücken zum Osten schlägt?»[42] ... Die so gestellte Frage bleibt bewußt ohne Antwort.

Entsprach das Verhalten und Vorgehen de Gaulles in den beschriebenen Fällen den Praktiken des politischen Handwerks? Für Grenzfälle muß man das wohl bejahen. Und sein Spiel mit der Putschgefahr aus Algier? Er hatte diese Gefahr nicht geschaffen, die IV. Republik mußte ihr kraftlos entgegensehen, sie hatte der Politisierung bestimmter Teile der Armee keinen Riegel vorgeschoben, mußte auf selbständiges Handeln von Aktivisten gefaßt sein. Gewiß hatten Anhänger des Generals mit diesen Kräften konspiriert, das mußte oder konnte auch er einkalkulieren. Einen Einfluß auf die Entstehung dieser Gefahr hatte er gewiß nicht genommen. Warum sollte nun er die Regierung und den Staat vor diesen Kräften schützen und die weitere Entwicklung dann vielleicht wieder denjenigen überlassen, die gegenüber dem großen Problem der Entkolonisierung zwar manchen guten Willen zeigten, aber offensichtlich weder die Kraft noch die Fähigkeit besaßen, diese Lebensfrage Frankreichs zu lösen?

Als Kurt Georg Kiesinger von 1966 bis 1969 Bundeskanzler war und eines Tages de Gaulle im Elysee gegenübersaß und das Gespräch auf die Frage der Oder-Neiße-Grenze kam und warum die Bundesregierung nicht bereit sei, die Unverrückbarkeit dieser Grenze anzuerkennen, ergab sich folgendes Gespräch: Kiesinger verglich, so berichtet er selbst,[43] den Verzicht auf die deutschen Gebiete jenseits von Oder und Neiße mit der Entlassung der algerischen Departements von Frankreich in die nationale algerische Unabhängigkeit. «Der einzige in Frankreich, der die Algerienfrage lösen konnte, waren nach meiner Meinung Sie, Herr de Gaulle, weil Sie diese große Autorität haben als der Führer des Widerstandes im Zweiten Weltkrieg. Die deutschen Ostgebiete sind in einem unmittelbaren Sinne deutsches Land, mehr als das im Verhältnis von Algerien zu Frankreich galt –, und wer bin ich, was habe ich für historische Autorität, um eine solche gewaltige Entscheidung herbeizuführen?» Dazu de Gaulle: «Wir wollen es dahingestellt sein lassen, ob ich der einzige bin, der die Algerienfrage lösen konnte. Aber auch ich hätte es nicht gekonnt, wenn die Nation es nicht schon bei sich selbst beschlossen gehabt hätte. Und anders kann es auch bei Ihnen nicht sein.»

Kiesinger fand in dieser Antwort «eine für de Gaulle typische Formulierung». Und in der Tat weist diese Unterstellung, daß er mit der Unabhängigkeit Algeriens nur einen Verzicht vollzogen habe, der im Bewußtsein der Nation schon beschlossen war, auf den wichtigsten Wesenszug seiner Regierungsform hin. Er wollte immer sagen können, daß er im Einklang mit dem Volkswillen handele. Dazu gehörte die Einrichtung des Referendums, ein zu seiner Zeit mehrfach praktizierter Akt der Zustimmung des Volkes zu bestimmten Schritten oder Entscheidungen der Regierung. Man hat es gelegentlich als eine Form des «Pronunziamento» verdächtigt, als eine Methode der Akklamation zur Ausschaltung des Parlaments. Tatsächlich führte das ziemlich regelmäßige Zwiegespräch zwischen dem Staatspräsidenten und der Wählerschaft, zusammen mit anderen Elementen, zu einem Ansehensverlust für die Volksvertretung. Aber das war für ihn nur eine Begleiterscheinung. Seine Auffassung von Demokratie verlangte, daß ein Mann geht, der nicht mehr die Mehrheit des Volkes hinter sich hat. Er führte seine Volksabstimmungen auch nicht etwa in Zeiten durch, in denen die Meinungsumfragen besonders günstige Ergebnisse für ihn hatten. Er rief das Volk zur Stellungnahme auf, wenn die Frage an der Tagesordnung war – oder er sie, aber nach längeren Erörterungen und langsam herangereiften Entscheidungen, auf die Tagesordnung gesetzt hatte. Und als ihm dann, nach zehn Jahren seiner Herrschaft, in einer für viele Wähler mehr administrativen als politischen Frage, nämlich der Regionalisierung Frankreichs, die Mehrheit versagt blieb, trat er ab.

Kurz bevor er im Mai 1958 wieder an die Regierung kam, bei seinem ersten öffentlichen Auftreten nach dem Ausbruch der Staatskrise in Algerien, wurde er von Journalisten gefragt, ob er die bürgerlichen Freiheiten garantieren werde. Da überschlug sich seine Stimme, er geriet fast außer sich, als er mit der Gegenfrage antwortete: «Habe ich jemals die öffentlichen Grundfreiheiten angetastet? Habe ich sie auch nur für eine Sekunde angetastet? Niemals. Ich habe sie wiederhergestellt (gemeint war 1944). Warum wollen Sie, daß ich mit 67 Jahren die Laufbahn eines Diktators beginne?»

Nein, in diesem Punkt wird seine Haltung nicht in Zweifel gezogen, und darin liegt auch die Verehrung breiter Schichten und der Respekt, dem sein Andenken begegnet, zu einem guten Teil begründet.

Dieselbe strenge Auffassung, die er von den demokratischen Freiheiten hatte, stellt man auch in moralischer Hinsicht fest. Als er 1946 die Regierung verlassen hatte und sich nach Colombey-les-deux-églises zurückzog, wo er sein Haus in stark beschädigtem und verwahrlostem Zustand vorfand, akzeptierte er wohl einen Chauffeur und einen Adjutanten, weil es seit langem die Regel für ehemalige Regierungschefs war. Aber sonst lehnte er jede Gunst oder Bezahlung ab. Er machte weder Gebrauch von der Möglichkeit, die ihm die Regierung anbot, seine Militärpension vorzeitig zu beantragen (und wies das Angebot, sich zum Vier-Sterne-General oder Marschall befördern zu lassen, entrüstet zurück) noch akzeptierte er die Steuerbefreiung, die das Parlament für ihn beschloß. «Ich will ihnen nichts schulden. Sie schulden mir», sagte er seiner Familie.

Das berichtet sein Sohn, der das häusliche Leben in seinem Elternhaus während der zwanziger Jahre so schildert wie es in einer preußischen Offiziersfamilie während der Reichswehr-

Zeit kaum anders gewesen sein kann.[44] «Bei uns wurde nicht gelacht. Und ich habe meinen Vater während seines ganzen Lebens nur einmal den Tränen nahe gesehn: als meine Schwester Anne starb.» (Das mongoloide Kind war in jede neue Garnison und Verwendung mitgenommen worden, schließlich auch von der Mutter ins Londoner Exil, wo ihm der Vater, der immerhin die Verantwortung für Frankreich auf seinen Schultern wähnte, regelmäßig täglich eine halbe Stunde widmete.) Leiden waren da, um ertragen zu werden. Dienst hieß das oberste Gesetz. Und Besitz wurde ebenfalls als Aufgabe gesehen, nicht als Ziel des Lebens.

Als 1956 seine Kriegsmemoiren zu erscheinen begannen, konnte de Gaulle anfangen, den beträchtlichen Kredit, den er aufgenommen hatte, abzuzahlen. Als er später staatliche Einkünfte hatte, ließ er die Honorare für seine Bücher einer Stiftung für behinderte Kinder zufließen, der er den Namen seiner unglücklichen Tochter Anne gab. Nachdem er im April 1969 von der Regierung zurückgetreten war, ging er bis zur Wahl des Nachfolgers auf die irische Insel. Zu den Gründen, die ihn bewogen, gerade nach Irland zu gehen, zählt sein Sohn die Tatsache, daß es ein armes Land ist. «Stellt Euch vor, habe er gesagt, ich ginge in die Schweiz. Die Franzosen würden glauben, daß ich da Schätze unterbringen wollte.» Während seiner Regierungszeit hatte er einmal anläßlich des ersten Ministerrats einer neuen Regierungsmannschaft gesagt: «Meine Herren, ich freue mich, mit Ihnen zu arbeiten, und ich hoffe, daß es für lange Zeit sein wird. Aber es wird für jeden von Ihnen schnell zu Ende gehen, wenn er Geld- oder Bettgeschichten (des histoires de sous ou de fesses) haben sollte.»

«Viel hat gelernt, wer tief den Schmerz erfuhr»

Wie viele Franzosen lebte er in und mit der Geschichte. Mehr als jeder andere suchte er sich selbst als Teil der französischen Geschichte zu begreifen. In welche geschichtlichen Zusammenhänge sah er sich hineingewoben? Wo und wie glaubte er aufgerufen zu sein, nationale Geschichte weiterzuschreiben? Die imperiale Geschichte, die Kolonial-Geschichte war es jedenfalls nicht, europäische Geschichte war es allemal. Manches spricht dafür, daß ihn wie viele Menschen dieser Jahre in beiden Völkern gerade die deutsch-französische Geschichte, «die in drei Generationen zu drei Kriegen geführt hatte», am meisten beschäftigte. «Die einzige schwerwiegende Frage des Universums ist die deutsch-französische Verständigung», schrieb Jean Giraudoux zu einer Zeit, als auch de Gaulle mit seinen Veröffentlichungen zum ersten Mal an die politische Öffentlichkeit trat. Immer bildeten die Erfahrungen der deutsch-französischen Kriege von 1870/71 und von 1914-18 einen Hintergrund seiner Gedanken.

Ist es da so abwegig, anzunehmen, daß er – wie es manchmal auch etwas leichthin gesagt wurde – ein «karolingisches Weltbild» hatte? Ein Bild, in dem Völker und Stämme, die später «Franzosen» und «Deutsche» werden sollten, ein europäisches Reich gründeten? Wäre das so abwegig für einen Mann, der soviel wußte um «das Feuer, das noch unter der Asche vergangener Reiche glüht»? (Zitat de Gaulle) Es gibt für diese Annahme kaum ein besseres Selbstzeugnis als den folgenden Satz aus seinen in den fünfziger Jahren entstandenen Kriegserinnerungen:

«Eine politische, wirtschaftliche, strategische Gruppierung der Staaten erreichen, die den Rhein, die Alpen und die Pyrenäen berühren, aus dieser Gruppierung eine der drei Weltmächte machen und, wenn es eines Tages sein muß, ihnen eine Schiedsrolle zwischen dem sowjetischen und dem angelsächsischen Lager geben – was alles ich seit 1940 gesagt und getan habe, sah diese Möglichkeit immer vor.»

Einer, der als Mann der Linken zu seiner Widerstands-Organisation gehörte, Emmanuel d'Astier,[45] schrieb 1947 von ihm: «De Gaulle denkt, diesmal könnte Karl der Große ein Franzose sein. Die Engländer sind auf dem Abstieg, die Amerikaner sind Geschäftemacher oder Kinder. Wir brauchen einen neuen Okzident, der sich der gefährlichen Macht Rußlands entgegensetzen kann. Frankreich kann sich mit dem besiegten Deutschland verbünden. Es wird die Führung haben.» Der englische Premierminister Macmillan sagte eines Tages zu de Gaulle: «Sie wollen das Heilige Römische Reich erneuern. – Wir Engländer das Römische Reich (das sich über See ausbreitete).»

Der de Gaulle-Biograph Lacouture kommt zu dem Schluß: «Charles de Gaulle hat nicht danach gestrebt, sein Haupt mit der Aachener Krone zu schmücken wie elf Jahrhunderte zuvor der große Herrscher des Okzidents. Aber sehr vieles in seiner Persönlichkeit, seinem Stil, seinen Visionen läßt darauf schließen, daß die Kennzeichnung «Karolinger» keineswegs in die Kategorie der üblen Nachreden gehört, sondern eher einer Übersteigerung des historischen Bewußtseins zuzurechnen ist.»[46] Und der schon zitierte Pierre Maillard schreibt in seinem Buch «De Gaulle et l'Allemagne» von den «karolingischen Erinnerungen, die im Unterbewußtsein des Generals wohnten».[47]

Noch eine Spur, die aus seiner eigenen Feder zu dem größten der Karolinger zurückführt. Er hinterließ diese Spur, als er sich 1969, nach dem Verzicht auf die Macht, nach Irland absetzte und dort bis zur Wahl des Nachfolgers blieb. Er suchte, das ist sicher, die Einsamkeit, um mit sich ins Reine zu kommen. Und er dachte an Irland u. a. aus zwei Gründen: wegen des Freiheitskampfs des Inselvolkes und weil ein Zweig seiner Vorfahren mütterlicherseits seine Wurzeln auf der Insel hatte. Unter den wenigen Menschen, mit denen er dort Kontakt hatte, war der französische Botschafter, ein Graf d'Harcourt, den er aus seiner Exilzeit kannte und der ein «Compagnon de la Libération» war. Ihm schrieb er als Widmung in ein Exemplar der «Kriegserinnerungen»: «Mult ad apris ki bien conuist ahan» – «Viel hat gelernt, wer tief den Schmerz erfuhr». Eine Zeile aus dem Rolandslied.[48]

Man erinnert sich: Der Graf Roland, der im Lied auch «der Neffe des Kaisers» genannt wird, deckt den Rückzug des karolingischen Heeres, das sich nach Unterwerfung der Ungläubigen über die Pyrenäen zurückzieht. Aber bei dieser Unterwerfung waren Hinterlist und Verrat im Spiel und der Verräter überfällt schließlich die Nachhut im Tal von Roncevaux. Roland kämpft seinen letzten Kampf. Der Erzengel Gabriel trägt den Geist des «guten Vasallen» in den Himmel. Kaiser Karl macht, als ihn die Nachricht erreicht, mit dem Gros seines Heeres – «den französischen, den bayerischen und den deutschen Rittern» – kehrt und rächt die Toten, deren Leiber er im Tal von Roncevaux gefunden hat: «Freund Roland, niemals sahen Menschen einen anderen Ritter so große Schlachten schlagen und gewinnen.» Und: «Es wird keinen Tag mehr geben, an dem ich Dich nicht beweine und beklage.»

An dieses Rolandslied erinnerte sich schon zwanzig Jahre vor der Widmungszeile in Irland ein französischer Historiker und Schriftsteller,[49] der eine Charakterisierung für de Gaulle suchte und, da er «den armen Menschen de Gaulle» ins Visier nahm, der vom historischen General de Gaulle in der dritten Person sprach, formulierte er: ... «ein Roland, der selbst sein Rolandslied schreibt».

Vergessen wir das Rolandslied, die Legende des einen und des anderen. Es bleibt immerhin ... «ein Roland».

Anmerkungen

1. Charles de Gaulle, Memoiren der Hoffnung, Die Wiedergeburt 1958–1962, Verlag Fritz Molden, Wien, München, Zürich 1971, S. 273–276.
2. Charles de Gaulle, Mémoires de Guerre, Bd. 2, L'unité, Librairie Plon, Paris 1956, S. 260.
3. Charles de Gaulle, Mémoires de Guerre, Bd. 3, Le Salut, Paris 1959, S. 83.
4. Henri-Christian Giraud, De Gaulle et les communistes, Bd. 2, Albin Michel, Paris 1989, S. 274.
5. Charles de Gaulle, Mémoires de Guerre, Bd. 3, a. a. O. (s. Anm. 3), S. 274.
6. Alfred Grosser, Affaires Extérieures, La Politique de la France 1944/1984, Flammarion, Paris 1984, S. 30.
7. Vernon Walters, Services discrets, Plon, Paris 1967, S. 254.
8. Aufzeichnung des Verfassers.
9. Jean Lacouture, de Gaulle, 3 Bde., Editions de Seuil, Paris 1984, 85 und 86. Vgl. Bd. 3, S. 365.
10. Der Amerikaner Richard H. Ullman, Professor für Internationale Angelegenheiten an der Princeton University, zerstörte den Mythos, Frankreich habe ohne amerikanische Hilfe seine Atomwaffen entwikkelt. Die Nachfolger de Gaulles profitierten davon Europa Archiv Nr. 11, 1989, S. 331–350 (Nachdruck aus «Foreign Policy»): «Die verdeckte nukleare Beziehung».
11. André Fontaine, Un lit pour deux rêves, Histoire de la «détente» 1962–1981, Fayard Paris 1981, S. 73.
12. Cyrus L. Sulzberger, Dans le tourbillon de l'histoire, Albin Michel, Paris 1971, S. 286–289 (Aufzeichnung eines Gesprächs mit de Gaulle).
13. Henri-Christian Giraud, De Gaulle et les communistes, Bd. 1, Albin Michel, Paris 1988, S. 52.
14. Willy Brandt, Erinnerungen, Propyläen, Frankfurt 1989, S. 240–260.
15. Charles de Gaulle, Des Schwertes Schneide, Athenäum Verlag, Frankfurt 1961, S. 69.
16. Cyrus L. Sulzberger, The last of the giants, New York Times, 11. 11. 1970.
17. Jean Planchais, Une histoire politique de l'armée, Le Seuil, Paris 1967, Bd. 2, S. 82.
18. Pierre Messmer/Alain Larcan, Les écrits militaires du général de Gaulle, Essay, Analyses thématiques, Presses Universitaires de France, Paris 1985, S. 172.

19. Jean Lacouture, de Gaulle, Bd. 3, a. a. O. (s. Anm. 9), S. 289.
20. La discorde chez l'ennemi, Berger Levrault, Paris 1924, Neuauflage Plon 1972, außerdem in der Sammlung «Le livre de poche».
21. Raymond Tournoux, La tragédie du général, Plon, Paris 1967, S. 13.
22. Pierre Maillard, De Gaulle et l'Allemagne, Le rêve inachevé, Plon, Paris 1990.
23. Vers l'armée de métier, Berger Levrault, Paris 1938, Neuauflage 1971, außerdem in «Le livre de poche».
24. Das Zitat von mehreren Autoren, ohne Quellenangabe wiedergegeben, so von Raymond Tournoux, Le feu et la cendre, les années politiques du général de Gaulle 1946–1970, Plon, Paris 1979. Jean Laloy, der de Gaulle damals als Dolmetscher begleitete und später hohe Funktionen am Quai d'Orsay ausübte, kennzeichnet die gebräuchlichsten Lesarten als «Legende». (So wird u. a. behauptet, de Gaulle habe diese Äußerung «Quel grand peuple» in Gegenwart Molotows gemacht und auf dessen Frage, ob er die Russen meine, geantwortet: «Die Deutschen natürlich». Laloy führt die Äußerung zurück auf eine Begebenheit, über die er 1982 in einer slawistischen Zeitschrift berichtete. Sie habe sich auf der Fahrt nach Stalingrad bei einem kurzen Zwischenaufenthalt auf dem Bahnhof Mosdok ereignet. Er berichtet: «In Mosdok gehen wir auf den Bahnsteig. Rauchgeschwärzte Mauerreste, Wracks von Tanks und Flugzeugen entlang den Schienen. ‹Vergessen wir nie, daß die Deutschen bis hierher kamen. Und wie sie sich jetzt noch schlagen. Das ist ein großes Volk. Ein sehr großes Volk. Der Krieg ist noch lange nicht zu Ende›». Quelle: Jean Laloy, Entre Staline et de Gaulle, décembre 1944, Revue des Etudes Slaves, Tome 54, Fascicule 1–2, Paris 1982.
25. Jean Chauvel, Mémoires, 1944–1952, Bd. 2, Fayard, Paris 1972, S. 110.
26. Charles de Gaulle, Memoiren der Hoffnung, a. a. O. (s. Anm. 1), S. 218–223.
27. Pierre Maillard (s. Anm. 22) berichtet auf Grund seiner Aktenkenntnis, daß General de Gaulle zu Beginn seiner Unterredung mit Adenauer folgenden Gedanken aussprach: «Frankreich war mal ein großes Volk, aber manchmal hat es sich auch größer gedünkt als es war. Jetzt hat sich die Welt verändert und Frankreich hat sich den Veränderungen schlecht angepaßt.»
28. Hans-Peter Schwarz, Die Ära Adenauer 1957–1963, 3. Bd. Die Geschichte der Bundesrepublik Deutschland, hrsg. von Dietrich Bracher u. a., DVA, Stuttgart 1983, S. 97.
29. Bernard Ledwidge, De Gaulle et les Américains, conversations avec Dulles, Eisenhower, Kennedy, Rusk 1958–1964, Flammarion, Paris 1984. Auch die folgenden Zitate aus Gesprächen mit diesem Perso-

nenkreis sind diesem chronologisch geordneten Dokumenten-Band entnommen.

30. Politique Etrangère Nr. 6/1967; Europa-Archiv vom 25. 1. 1968.
31. Quick Nr. 9/1973 «Wie Egon Bahr Deutschland neutralisieren will».
32. Jean Lacouture, de Gaulle, Bd. 3, a. a. O. (s. Anm. 9), S. 312f. Maurice Schumann, der so bei Lacouture zitiert wird, hat inzwischen im Vorwort zu dem Buch von Pierre Maillard (s. Anm. 22) noch folgende Bemerkung de Gaulles überliefert: «Sie können den Polen von mir bestellen, daß eine echte Nation nie den Glauben an ihre Wiedergeburt verliert. Sie wissen es aus ihrer eigenen Geschichte. Eines Tages wird die deutsche Wiedervereinigung möglich und dann auch unvermeidlich.»
33. Klaus Hildebrand, Von Erhard zur Großen Koalition 1963–1969, Bd. 4 der Geschichte der Bundesrepublik Deutschland, a. a. O. (s. Anm. 27), S. 185.
34. Aufzeichnung Alfred Grossers, der sie dem Verfasser freundlicherweise zur Verfügung stellte.
35. Vernon Walters, Services discrets, a. a. O. (s. Anm. 7), S. 254.
36. Jean Lacouture, de Gaulle, Bd. 3, a. a. O. (s. Anm. 9), S. 529.
37. Olivier Guichard, Mon Général, Ed. Grasset et Fasquelle («Livre de poche»), Paris 1980, S. 85.
38. Jean Lacouture, Citations du Président de Gaulle, Le Seuil, Paris 1968.
39. Claude Mauriac, Aimer de Gaulle, Grasset, Paris 1978, S. 347.
40. André Malraux, Les chênes qu'on abat, Gallimard, Paris 1971, S. 229.
41. Adenauer, Erinnerungen, Bd. 4 (1959–1963), S. 139.
42. Pierre Messmer/Alain Larcan, Les écrits militaires du général de Gaulle, a. a. O. (s. Anm. 18), S. 170.
43. Hans-Peter Schwarz (Hrsg.), Rhöndorfer Gespräche, Adenauer und Frankreich, Bouvier, Bonn 1985, S. 87 (Bericht Kiesingers über Gespräche mit de Gaulle).
44. Nach Philippe de Gaulle: «Mon père était un romantique.» 3 Interviews mit dem Sohn de Gaulles im Figaro vom 14.–17. IV. 1990.
45. Emmanuel d'Astier, Les Grands, Gallimard, Paris 1961, S. 125.
46. Jean Lacouture, de Gaulle, Bd. 3, a. a. O. (s. Anm. 9), S. 241.
47. Pierre Maillard, De Gaulle et l'Allemagne, a. a. O. (s. Anm. 22), S. 266.
48. Jean Lacouture, de Gaulle, Bd. 3, a. a. O. (s. Anm. 9), S. 767. Die von Lacouture wiedergegebene Eintragung de Gaulles hat folgenden Wortlaut: «Moult a appris qui a connu ahan». Der Vers, der von de Gaulle aus dem Gedächtnis niedergeschrieben wurde, entspricht dem Vers Nr. 2524 des Rolandslieds nach dem sogenannten «Ox-

ford-Manuskript» «Viel hat gelernt, wer tief den Schmerz erfuhr». Die Handschrift, die man in die letzten Jahre des 11. Jahrhunderts datiert, während die Ereignisse, die den Anlaß der Dichtung bildeten, im Jahre 778 stattfanden, wurde 1832 in Oxford in einer Bibliothek alter Schriften aufgefunden.

49. Es handelt sich um Robert Aron, Verfasser einer Histoire de Vichy 1940–1944, Fayard, Paris 1954.

Weitere Quellen

Auf Quellenangaben bei Zitaten aus Reden, Erklärungen und Aufzeichnungen de Gaulles wurde weitgehend verzichtet. Die Reden und Botschaften («Discours et Messages», Plon, Paris 1970) liegen in fünf Bänden schon lange vor. Aufsätze und andere Schriften ebenfalls («Articles et Ecrits», Plon, Paris 1975). Die Herausgabe der Briefe und Aufzeichnungen ist in elf Bänden jetzt auch bis zum Jahr 1969 durchgeführt («Lettres, Notes et Carnets», Plon, Paris 1980 bis 1989). Dadurch wird alles, was von de Gaulle im Hinblick auf ein bestimmtes Thema formuliert wurde, bei chronologischem Vorgehen auffindbar. Auf die zeitliche Einordnung wurde auch bei dieser Darstellung geachtet. Ihr lagen aber weitgehend die vom Verfasser während seiner journalistischen Tätigkeit in Paris gesammelten Quellen zugrunde, die, unterschiedlicher Herkunft und heute oft schwer auffindbar, darum nicht weniger authentisch sind. Ein Teil von ihnen wurde 1966 in einem, längst vergriffenen, Fischer-Taschenbuch veröffentlicht.

Soweit Erklärungen de Gaulles in dieser Darstellung mit Quellenangaben belegt sind, handelt es sich entweder um Zitate aus seinen Büchern, vor allem den Memoiren, oder um Zitate aus Büchern von Zeitgenossen, die Äußerungen von ihm festgehalten haben.

Für eine kleine, aber nicht unwichtige Anzahl von Zitaten konnte wegen ihres vertraulichen Charakters keine Quelle angegeben werden. Es handelt sich dabei zunächst um das amtliche Dokument von seiner ersten Begegnung mit Bundeskanzler Konrad Adenauer im September 1958 in Colombey-les-deux-Eglises. Ihm wurden einige Ergänzungen entnommen zu dem, was beide in ihren Memoiren berichten.

Dann aber handelt es sich vor allem um die Gespräche de Gaulles im Kreml im Juni 1966 und um eine Unterredung Adenauers mit dem früheren Ministerpräsidenten Paul Reynaud vom September 1960, die das vorausgegangene, etwas umstrittene Gespräch de Gaulles mit Adenauer auf Schloß Rambouillet zum Gegenstand hatte, also das grundlegende Gespräch über die Europa-Pläne de Gaulles. Für diese Vorgänge sind die Archive noch geschlossen. Der Verfasser hat sich auf die Aufzeichnungen oder Kopien von amtlichen Unterlagen stützen können, die ihm einige an den Ereignissen beteiligte Zeugen zur Verfügung gestellt haben, denen er zu Diskretion und zu großem Dank verpflichtet ist. Sie haben sein Urteil über die Vorgänge erleichtert.

Personenregister

Buchanzeigen

Geschichte Frankreichs

Rudolf von Thadden
Michelle Magdelaine (Hrsg.)
Die Hugenotten 1685–1985
2., verbesserte Auflage. 1986. 254 Seiten mit 25 Abbildungen und 6 Karten. Leinen

Ernst Schulin
Die Französische Revolution
3. Auflage. 1990. 285 Seiten. Gebunden

Johannes Willms
Paris
Hauptstadt Europas 1789–1914
1988. 564 Seiten mit 7 Abbildungen. Gebunden

Raymond Poidevin
Jacques Bariéty
Frankreich und Deutschland
Die Geschichte ihrer Beziehungen 1815–1975
Aus dem Französischen übertragen von Josef Becker und Johannes Haas-Heye
1982. 498 Seiten. Leinen

Ernst Weisenfeld
Welches Deutschland soll es sein?
Frankreich und die deutsche Einheit seit 1945
1986. 203 Seiten. Broschiert

Ernst Weisenfeld
Frankreichs Geschichte seit dem Krieg
Von de Gaulle bis Mitterrand
2., überarbeitete und ergänzte Auflage. 1982. 334 Seiten
Paperback. Beck'sche Reihe Band 218